HSCがありのままで幸せになれる教室

―教師が知っておきたい「敏感な子」の悩みと個性―

杉本景子（公認心理師）著

東洋館出版社

はじめに

明日からまた学校が始まる。

日曜日の晩や、夏休みなどの長期休みがもうすぐ終わるという頃に憂鬱になった経験はありませんか？

毎朝張り切って学校や仕事に出発できる人もいれば、少し緊張を抱えながらも、よし頑張ろうと気持ちを奮い立たせて玄関を出て行く人もいるでしょう。

気が重くなるのにはいろいろな理由があると思いますが、その中の一つに、思慮深く人の気持ちや刺激に敏感な気質（ＨＳＰやＨＳＣ）の場合、日々の生活の中での気苦労が多いという理由もあります。

このような人たち、特に学校生活を送る子どもたちに対して、私たち大人は適切なサポートができているのでしょうか。

敏感な子どもたちは、そうでない子どもたちに比べると少数派です。

同じ指導方法がよいはずはないのですが、多くの場合、多数派にルールや指導方法が合わせられています。多様性が叫ばれる社会において、学校でも違いが尊重されやすくなったものの、元々の気質についての配慮をしながらクラスづくりがなされているかと言うと、それは先生個人の感覚的な指導力に委ねられていると言えます。

学校生活、特に小学校では、担任の先生の感じ方や考え方、指導の仕方によって、子どもが一日に受ける刺激は大きく左右されます。

学校生活にストレスを感じている子どもたちの話を聞くと、いじめや体罰などのはっきりとした原因がなくても、過度の刺激を日々受けているという場合が珍しくありません。例えば、校内に響くような怒鳴り声であったり、子どもたちへの叱責が日常的であったり、スパルタ式の指導方法であったりします。

これらはまだ分かりやすい刺激で、子どもたちがストレスや不安の原因であると自覚できる場合もあるでしょう。しかし、それ以外にも、学校生活の中には気持ちが揺れ動くような様々な刺激が存在しています。

本書では、同じ刺激でもそれを敏感に感じ取る気質があるということをまず知っていただき、そのような子どもたちが学校ではどのような場面でどのようなことを感じているのかを理解していただくことを目的としています。さらに、そのような場面では、どんな対応をすると子どもたちが安心できるのかを、場面ごとに事例を挙げて紹介しています。

さて、私がなぜ敏感な子どもたちのことを先生方に向けて発信し続けているかという点にもふれておきます。すべての子どもたちに、安心できる環境の中でいろいろな経験や挑戦をしてほしいと願い、その素晴らしい力を信じ、心から応援していることはもちろんですが、次のような理由も挙げられます。

- 「今まで何となく感じていた刺激の受け取り方の違いを理解することができて、すごくすっきりした」「モヤモヤが晴れた」「自分自身も救われた」という本人や先生や保護者からの感想がたくさん届いていること
- 敏感な子どもたち本人やその保護者から、「先生方には特に、この気質のことを知ってもらいたい」という声がたくさん届いていること
- 「実際にこの気質のことを知って、日々の指導の中で簡単な工夫を取り入れることができた」「もっと早く知っていれば信頼関係が築きやすかったのに！」という先生方からの声が届いていること

思慮深く人の気持ちや刺激に敏感な子どもたちが、学校生活だけでなく、これからの社会で活躍することがますます重要になっていることは間違いありません。この素敵な力を持つ子どもたちが健やかに成長していくことは、社会全体にとって大きな喜びとなるでしょう。そのような気持ちを学校の先生方と共有できたら、こんなにうれしいことはありません。

杉本　景子

contents

第2章

HSCが安心できるクラスとは

第3章 HSCのために教師ができること

第4章 HSCがよりよく学ぶために

第5章 HSCへの個別対応ケーススタディ

第1章

HSCってどんな子ども?

1 まずはＨＳＣについて知ろう

（1）約5人に1人存在するＨＳＰ（ＨＳＣ）

生まれつき敏感な気質をもった人のことを、ＨＳＰ（Highly Sensitive Person）と言います。１９９６年に、アメリカの心理学者エレイン・Ｎ・アーロン博士が、自著「The Highly Sensitive Person」で提唱した概念です。ＨＳＰのうち、特に子どものことをＨＳＣ（Highly Sensitive Child）と言います。

比較的新しい概念ではありますが、日本でも広く浸透し、自らをＨＳＰであると自覚する人も増えてきました。また、我が子がＨＳＣではないかと心配する保護者の方から、私も多くの相談を受けています。

私がＨＳＰ（ＨＳＣ）について端的に説明する際には、「思慮深く、人の気持ちや刺激に敏感な気質の人たち」と伝えています。

ＨＳＰ（ＨＳＣ）は、男女問わず人口の15～20％ほど存在します。つまり、５人に１人は存在しているということです。平均的なクラスなら、一クラスに7、8人いると考えていいでしょう。

驚くべきことに、人間だけではなく、ネズミやイヌ、ネコ、サルなど動物たちの中にも、このような気質を持つ個体が同様に15~20%ほど存在しています。現在では100種類以上の動物で確認されています。このことに関して、アーロン博士は、種の存続に役立つ存在だからこれほどの割合で存在しているのではないかと指摘しています。

HSCは生まれ持った先天的な気質なので、大人になっても変わることはありません。HSCは成長すればHSPになりますし、現在HSPである人は元HSCです。一生付き合っていく気質だからこそ、この気質を愛してほしい、

そもそも愛すべき気質であると私は信じています。
以降、本書では断りがない限りHSCと記しますが、基本的にはHSPにも当てはまると考えてください。

(2)病気や障害ではなく「気質」

どんな人もそれぞれ何らかの気質を備えています。気の長い人もいれば、短い人もいます。活発な人もいれば、穏やかな人もいます。「敏感さ」もそうした気質の一つに過ぎません。もちろん障害でも病気でもないので、医師が診断し治療をするようなものではありません。また、HSCだからといって、特定の障害や疾病になるわけでもありません。

HSCは先天的な気質なので、赤ちゃんの頃からその特性があらわれることが分かっています。非HSC(以下、HSCではない子どもを「非HSC」と記します)の赤ちゃんでは平気な刺激でも、HSCの赤ちゃんは泣き出したり、目を覚ましたりします。

私はこの事実を知って、HSCの本質に気付きました。つまり、生後間もないHSCの赤ちゃんが刺激を我慢できずに泣き出すのと同じように、HSCにとって日常や学校生活で受ける刺激や緊張感は克服しようがないものだということです。刺激を受け取る感度が生まれつき違うだけなのです。

努力が足りない、我慢が足りないと、HSC本人を責めるのはまるで的外れです。悲しいことに、周囲から敏感さを抑えることを求められたり、あえて鈍感になろうと努めたりするHSCは数多く存在します。それは、素晴らしい気質を自ら封じようとすることなのです。

（3）HSCかどうかを判断するには？

子どもがHSCかどうかを判断するには、次の4つの判断軸に当てはまるかどうかで見極めることができます。4つの判断軸の頭文字をとって、「DOES（ダズ）」と呼びます。

D（Depth of processing）＝何事も深く考えて処理する

O（being easily Overstimulated）＝過剰に刺激を受けやすい（感覚面での不快感がつのりやすい）

E（being both Emotionally reactive generally and having high Empathy in particular）＝感情の反応が強く、共感力が高い

S（being aware of Subtle Stimuli）＝ささいな刺激を察知する（観察力や察知力が高い）

これら4つの判断軸すべてに当てはまるようならＨＳＣです。どれか1つでも当てはまらない判断軸があれば、ＨＳＣではないでしょう。

次に、各判断軸における具体的な例を挙げますが、これらは一例に過ぎません。また、ＨＳＣがこれらの例のすべてに当てはまるわけではありません。

D（Depth of processing）＝何事も深く考えて処理する

ＨＳＣは物事を深く考えたり、感じたりします。大人びた言葉づかいや本質に迫る深い質問をして、大人を驚かせることもあるでしょう。

ヤージャヤゲロビッチらによる研究では、ＨＳＰはそうでない人に比べて、物事の表面ではなく複雑なことや細かいことを認識するときに使う脳が活発に働いているということが分かっています。また、ビアンカアセベドによる研究では、ＨＳＰは非ＨＳＰよりも精巧な認知処理をしているだけでなく、脳内の「島」と呼ばれる部位が活発に動いていることが確認されています。

- 思慮深い
- よく調べてから提案する
- 試行錯誤を繰り返す
- モラルを内面化している
- 他人への影響を気にする
- 根拠をもって行動する
- よく考えてから取りかかる
- 「まあいいか」とあいまいにしておくのが苦手
- トラブルを想定する
- 常に考え事をしている

試行錯誤を繰り返す

よく調べてから提案する

「まあいいか」とあいまいに
しておくのが苦手

よく考えてから取りかかる

他人への影響を気にする

モラルを内面化している

常に考え事をしている

トラブルを想定する

O（being easily Overstimulated）
＝過剰に刺激を受けやすい（感覚面での不快感がつのりやすい）

ＨＳＣは「うるさい」「まぶしい」「くさい」「かゆい」などの不快感がつのりやすいです。また、驚いたり緊張したりする感覚も強いです。

- 音、光、におい、味、暑さ、寒さ、空腹、喉の渇き、痛みなどに敏感
- 例えば、打ち上げ花火などの大きな音、たばこの煙のにおい、残虐で暴力的な映像や音声などが苦手
- 合わない靴、濡れた服、チクチクする服が苦手
- 人前での発表は緊張しやすい

チクチクする服が苦手

音、光、においなどの
五感が敏感

人前での発表は
緊張しやすい

大きな音が苦手

E（being both Emotionally reactive generally and having high Empathy in particular）
＝感情の反応が強く、特に共感力が高い

ＨＳＣは他人の感情の動きに敏感です。特に共感力が高く、感情移入しやすいという特徴があります。

ＨＳＰは「ミラーニューロン」と呼ばれる神経細胞が活性化しやすいことが分かっています。この神経細胞は、他の個体の行動を見たときに、まるで自分自身が同じ行動をとっているかのように反応する、つまり「鏡」のように反応することから名付けられました。他人がしていることを見て、我が事のように感じる共感能力（エンパシィ）をつかさどっていると考えられています。

- 残酷なこと、不公平なことに強く反応する
- 悲しんでいる人を見ると自分も悲しくなる
- 喜んでいる人を見るととてもうれしい
- 誰かが困っていないか心配
- 怒られている人を見るのが辛い
- 弱い立場の人を思いやる

悲しんでいる人を見ると自分も悲しくなる

残酷なこと、不公平なことに強く反応する

怒られている人を見るのがつらい

喜んでいる人を見るととてもうれしい

S（being aware of Subtle Stimuli）＝ささいな刺激を察知する（観察力や察知力が高い）

ＨＳＣはささいな刺激に敏感で、周囲の小さな変化にも気が付きます。観察力や洞察力にすぐれていると言えます。

- 人の外見や声のトーンなどの小さな変化に気が付く
- 人の体調や気持ちの変化に気が付く
- ものの配置の変化にすぐ気が付く
- 芸術作品に対する観察力が鋭い
- 他人が望むことを察知する
- 地震の揺れにいち早く気が付く

芸術作品に対する
観察力が鋭い

人の外見や声のトーンなどの
小さな変化に気が付く

他人が望むことを察知する

ものの配置の変化に
すぐ気が付く

2 どのクラスにもいる「敏感な子」

(1)「内向型」と「外向型」

ここまでの説明で、HSCがどんな子どもなのかお分かりになったことでしょう。HSCは物静かで内向的なタイプの子かなという印象を持った方も多いのではないでしょうか？

詳しい説明は省きますが、心理学ではHSC・非HSCに関わらず、「内向型」「外向型」の2つに分類することができるとされています。つまり、HSCの中にも外向的なタイプの子はいるということです。

様々な研究からアメリカ人の3分の1から2分の1は内向型で、国によってはこれよりも多い可能性もあるとされています。また、内向型の人は、外向型に見えるように振舞っていることもよくあると言われています。HSCがあえて鈍感になろうと努めることにも似ています。

ここでは、HSCかどうかはさておき、クラスにいる子どもが「内向型」と「外向型」

のどちらに当てはまるか見てみましょう。AとBの質問のどちらに多くのチェックが入るか試してみてください。

A

- □人の集まりを好み、大声で笑う
- □積極的・主導的で仲間を強く求める
- □考えをそのまま口に出し、即座に実行する
- □聞くよりも話す方を好み、言葉に詰まることは滅多にない
- □喧嘩することはいとわないが、孤独は大嫌いだ

B

- □放課後は外で遊ぶこともあるが、しばらくすると家でくつろぎたいと感じる
- □限られた仲の良い友達や家族との時間を好む
- □話すよりも聞く方を好み、ゆっくり考えてから話すが、会話よりも書く方が自分をうまく表現できることが多い
- □衝突を嫌う
- □深い話を好む

*A*は「外向型」、*B*は「内向型」の特徴です。

クラスの子どもがＨＳＣではないかという心当たりのある方や自分がＨＳＰではないかと感じている方の多くは、*B*が多く当てはまったのではないでしょうか？

しかし、先ほど述べたように、ＨＳＣの中にも外向型はいます。ＨＳＣの70％は内向型、残りの30％は外向型だと言われているのです。

敏感であることと、内向的であることとはイコールではありません。明るく社交的に見える子どもの中にも、ＨＳＣが含まれます。

下の図を見ると、その関係性が分かりやすいでしょう。

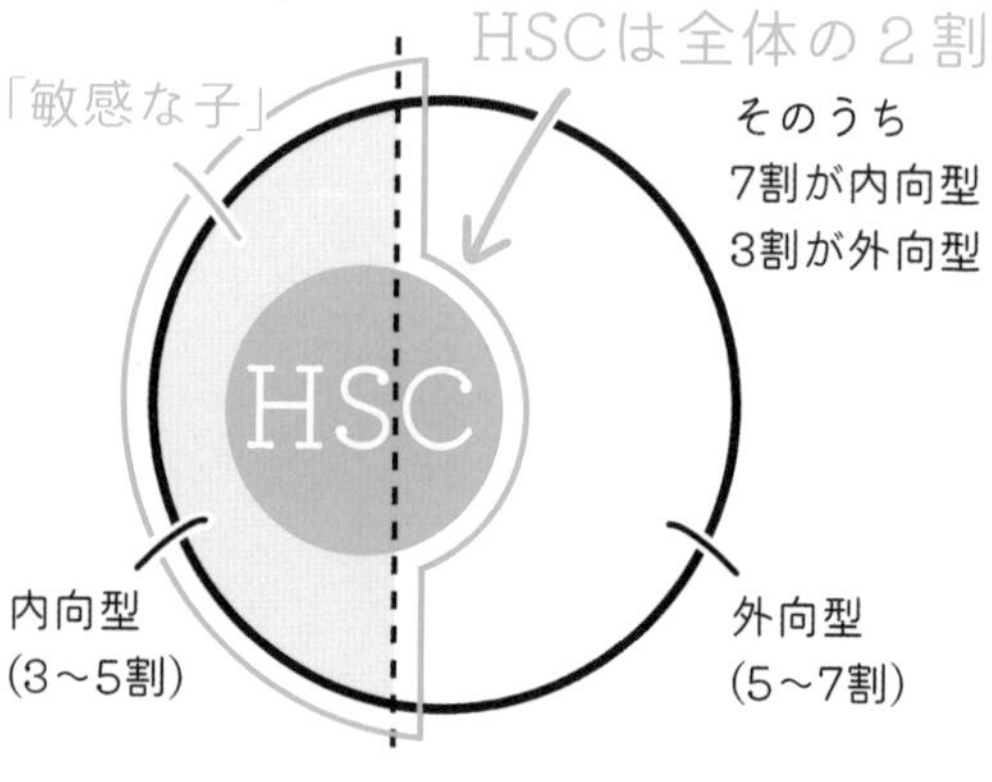

（２）内向型の中にもいる「敏感な子」

一方で、内向型の子どもの中には、非ＨＳＣであっても、敏感で強い刺激が苦手な子どもが存在します。そのような子どもたちは、例えば深く考える傾向や共感力といったHSCの特徴を持たなくても、「敏感な子」であると言えます。つまり、「敏感な子」が含まれる範囲は、「HSC+非HSCの内向型」なのです。前ページの図の水色で囲った部分が該当します。

このように考えると、HSCはクラスの約2割であったとしても、「敏感な子」はそれよりも高い確率で存在する可能性があるでしょう。

本書では、HSCの特性を理解し、そのよさを認めて伸ばしていくためのアドバイスを紹介していきますが、これらはHSCに限らず、「敏感な子」にとっても有効です。DOESに当てはまらないからHSCではないと思われる子でも、HSCに適した接し方をすると効果が得られることがあります。

(3) ADHDやASDと混同されるケース

HSCは、ADHD(注意欠陥多動性障害)と誤解されるケースが多いようです。両者は、表面上似ている行動をとることがあります。例えば授業中、何度も離席してランドセルを確認したり、先生に話しかけたりする子どもがいると、ADHDではないかと疑う人もいます。

しかし、両者は同じではありませんし、むしろその特性は正反対だと言えます。

まずＨＳＣとＡＤＨＤでは、脳の働き方に大きな違いがあります。ＨＳＣの大半は左脳に比べて右脳の血流が活発で、「用心することを優先させる働き」の方が「冒険することを優先させる働き」よりも強い状態です。これに対して、ＡＤＨＤの子どもは「冒険することを優先させる働き」の方が「用心することを優先させる働き」よりも強い状態です。

用心システムが活発なＨＳＣは、ささいな変化によく気が付くため、あたりをキョロキョロ見渡したり、異変がないか心配したりして落ち着かないことがあります。冒険システムが活発なＡＤＨＤの子どもは、いろいろなものに関心が移りやすいため、あたりをキョロキョロ眺め、興味のあるものがあれば一目散に向かっていくという姿が見られます。つまり、教室での両

HSC
用心システム
あ、
画びょうが
とれてる…
ADHD
冒険システム
なんて
書いてあるか
気になる…

者の姿は一見すると似ているのですが、その行動に至るまでの思考はまったく異なるのです。

HSCが授業中に何度も離席するような場合は、何かを心配して、心がSOSを発している状態であることが考えられます。心配している内容は授業と関係がないかもしれませんが、本人は心配でいてもたってもいられないのです。

HSCが、ASD(自閉スペクトラム症)、特に高機能ASDと誤解されるケースも時々あるようです。

HSCは五感が敏感なところがありますが、ASDにも特定の音や肌触りなどが苦手という感覚特性を持つ子どももがいます。

また、ASDは予定にない行動が苦手で、例えば着替えや片付け

はい!すぐに
片づけましょう
HSC
アワ
アワ
まだ終わって
ないけど、
どうしよう…
ASD
フリーズ

などを突然指示されると固まってしまうことがあります。一方で、ＨＳＣも過度な刺激にさらされ続け、追い詰められている状況では、ストレスから以前はできていたことができなくなったり、協調性がなくなったり、先生の指示に従えなくなったりすることがあります。また、ひどく落ち込んで反応が鈍くなったり、癇癪を起こして反抗的になったりすることもあります。そのような場面では、表面的に似ていて、混同されてしまうこともあるのです。

しかし、両者には大きな違いがあります。

先ほど述べたように、ＨＳＣはミラーニューロンの活発な働きにより、他者に極めて高いエンパシーを示す特徴があります。つまり、人の気持ちがよく分かるのです。一方、ＡＳＤの子どもたちは場の空気を察することや相手の立場になって考えることが苦手です。

なお、気質と発達障害は本来異なる次元の話なので、ＡだからＢではないと言い切れるものではありません。中には、ＨＳＣの気質を持ちながら、なおかつＡＤＨＤであるという子もいます。

建物で例えると、１階部分は気質で、２階部分に障害などがあるというイメージで、同じ次元で比べるものではありません。しかし、ＡＤＨＤと診断されたけれど、学年が変わったり、環境が整ったりしたら、ADHDの要素がまったくあらわれなくなったというケースもあることは事実です。

気を付けなければならないのは、過度なストレスや困りごとが生じているとき、本来のその子らしさが隠れてしまっていることがあるということです。そういう状態を見て、この子はADHDだ、この子はASDだと判断することは極めて危険です。

私が保護者から相談を受けるときには、「何歳くらいの頃は穏やかに過ごせていたんですか？　その頃のことを聞かせてください」とお願いしています。ほとんどの場合、小さな頃から気を配れる子だったという話が保護者から出てきます。元々はどういう子だったのかという話を聞き、本来のその子らしさを十分に発揮できているときの様子を把握することが大切なのです。

3 敏感さを生かした素晴らしい人生を

（1）HSP（HSC）は「心のリーダー」

リーダーというのは集団を引っ張っていく人だけではありません。世の中のリーダーは声の大きいタフな人たちであるべきだという思い込みが、社会全体に蔓延しています。HSPは深い思考力や多くのことを見抜く観察力を持つにもかかわらず、自分にはリーダーの素質がないと思い込んでいることが多いのです。

気持ちをリードする人たちは「心のリーダー」です。よい刺激にも悪い刺激にもいち早く敏感に反応し、深く考えながら行動するHSPは水先案内人とも言えるでしょう。

人の気持ちに敏感なHSPは周囲や世の中がどういう不安を抱えているのか、どのように物事が流れていきそうかということを感じ取っています。例えば、HSCは家族の気持ちを察知して、和を保てるように気を配ります。気を遣う様子を子どもらしくないと言われることもありますが、無意識に貢献しているのです。もし気付かなければ、自分自身の楽しいことだけを考えていられるのかもしれません。そのため、HSCは生まれながらに気苦労が多いのです。けれども、マイナスの刺激だけに敏感なわけではありません。その分、喜びも強く感じることができるはずです。お母さんが喜んでいるとき、家族が仲良くしているとき、友達が優しくしてくれたとき、クラスのみんなが楽しそうなとき、そんな様子を見ているだけで本当に幸せな気持ちになります。

このような気質の持ち主が、心のリーダーにふさわしいと思わずにはいられません。

(2) 誰でも発信力を持つ時代だからこそ求められる気質

SNSの普及によって、いとも簡単に、自分の意見を世界に向けて発信できるようになりました。それは素晴らしいことである一方で、とても恐ろしいことでもあります。おそらく多くのHSPは、このことにいち早く気が付いたことでしょう。心を込めて何日も考え、正しいかどうか調べ、誰かを傷つけないか考慮してからようやく投稿した自分の一言に対し、わずか数秒で恐ろしいほどのパワーをもつ中傷コメントをつけられることもあります。

最近では、子どもたちの世界にもSNSが広がり、多くのトラブルも起きています。SNS上の配慮のない言葉に傷つく子どもたちも多いでしょう。

物事を深く考えず、反射的に激しく相手を非難するような投稿をする人たちがいます。

ＨＳＰにとっては、信じがたい行為でしょう。人の命まで奪うような痛ましい事件も実際に起きています。

思慮深く、人の気持ちに敏感で、ささいな変化に気が付く人や、慎重に行動し、モラルを重んじる人たちが求められる時代が来ています。ＨＳＰのよさは、これからの世の中にますます求められていくものだと私は確信しています。

（3）ＨＳＣを守り育てることは大人の使命

ＨＳＣを理解し守り育てることは、社会全体にとっても大切なことです。消極的とか心配性などのレッテルを貼られがちな子どもたちが、生き生きと過ごせるように大人が舵を切る必要があります。

どう答えたら
傷つけない
かな？
うーん
これはどういう
意図なのかな？

ＨＳＣは「心のリーダー」の卵です。しかしながら、この控えめな子どもたちは、自信をなくしやすい状況にあります。

私がこれまでに受けた相談のほとんどは幼稚園や学校生活に関するものです。人の気持ちや刺激に敏感な子どもたちは、日々多くのことが繰り広げられるクラスの様子を本当によく見ています。そして理不尽な出来事や人間関係について悩んでいることが珍しくありません。自分自身が直面していることもあれば、クラスの誰かが苦しんでいるということもあります。教室に響き渡る怒鳴り声に圧倒され、誰かが辛い思いをしているのに役に立てない自分を責める子どももいます。

学校生活に絶望してしまった子どもたちにも出会いました。小さくうずくまる我が子を見て、一体この子の何がいけなかったのか、この子を連れて学校のない世界で心穏やかに過ごせたらどれほどいいかと涙する母親の姿も目の当たりにしました。

美しい翼が傷つき、飛び立つことができなくなっている子どもたちを見るたびに、私はなんとかしたいと強く思うのです。

ＨＳＣは心の弱い子どもなのでしょうか？　それは大きな誤解です。実際には、とても芯の強い子どもたちが多いのです。共感力や倫理観の高さが彼らを閉口させていることもあります。そして、そのことによって間違った評価をされることも多いです。また、たくさんの努力の結果、これ以上は頑張れないと疲弊していることもあります。実に悔しく、もったいないことです。

先生方が、ＨＳＣの不安や喜びに耳を傾けたら、ＨＳＣ本人はもちろんのこと、クラス全体をよりよい方向に導いていけるでしょう。ＨＳＣが自信を持って敏感さを生かし、「心のリーダー」としての人生を歩んでいくために、あたたかく思いやりにあふれた学校生活を送ることがとても大切です。ＨＳＣが輝くために、私たちが感覚を研ぎ澄まして接していくことは、「弱い子を助けること」ではなく、「素晴らしい人材を育む重要なミッション」なのです。

第2章

HSCが安心できるクラスとは

1 成長のためには、強すぎず弱すぎない適度な刺激が必要

（1）HSCと非HSCでは、同じ刺激でも受け取り方が違う

刺激を敏感に感じ取るHSCの子どもたちですが、一方で、刺激そのものは善でも悪でもありません。まったく刺激がなければいいのかといったら、もちろんそうではなく、問題はその「強さ」です。「適度な緊張感」という言葉がある通り、人は、ある程度の刺激やストレスがあった方が、よりよいパフォーマンスを発揮することができます。そして、その強さの度合いには個人差があるのです。その人に適した刺激の度合いはどのくらいなのかを見極めていく必要があります。

刺激に関する法則を示す興味深い実験があります。アメリカの心理学者のロバート・ヤーキーズとJ・D・ドットソンが行ったものです。刺激とパフォーマンスの相関関係がイメージしやすくなるでしょう。

ヤーキーズ・ドットソンの法則

❶黒と白が判別できるように、ネズミを訓練する。
❷もしネズミが黒白を間違えたら、電気ショックを流して刺激を与える。
❸電気ショックの強弱を変え、それによって正答率がどう変わるかを見る。

この実験では「電気ショック（刺激）が強くなるほど正答率が高くなるが、最適な強さ（個体差がある）以上になると正答率が低くなる」という結果が得られました。

つまり、刺激が適度な強さであれば、ネズミの学習は強化されますが、刺激の度合いが強すぎたり弱すぎたりすると、逆に学習能力が低下するということが分かったのです。

また、学習の内容や、その難易度によっても、適切な刺激の度合いに違いがあることが分かりました。難易度が高いときには刺激を弱くしてリラックスした状態で挑む方が効果的で、難易度が低いときには刺激を強くして、少し緊張状態にして挑む方が効果も高くなるという結果が出たのです。

（2）HSCが最高のパフォーマンスを発揮する刺激の度合いとは

ネズミの実験で明らかになった、刺激とパフォーマンスの相関関係をグラフであらわしてみましょう。刺激の度合いを横軸、パフォーマンスの高さを縦軸にあらわすと、左上の図のような関係性が見えてきます。

では、ＨＳＣをこのグラフに当てはめて考えると、どうなるでしょうか。刺激に対してきわめて敏感なので、山の頂点は左寄りになると考えられます。左下の図の水色の曲線で

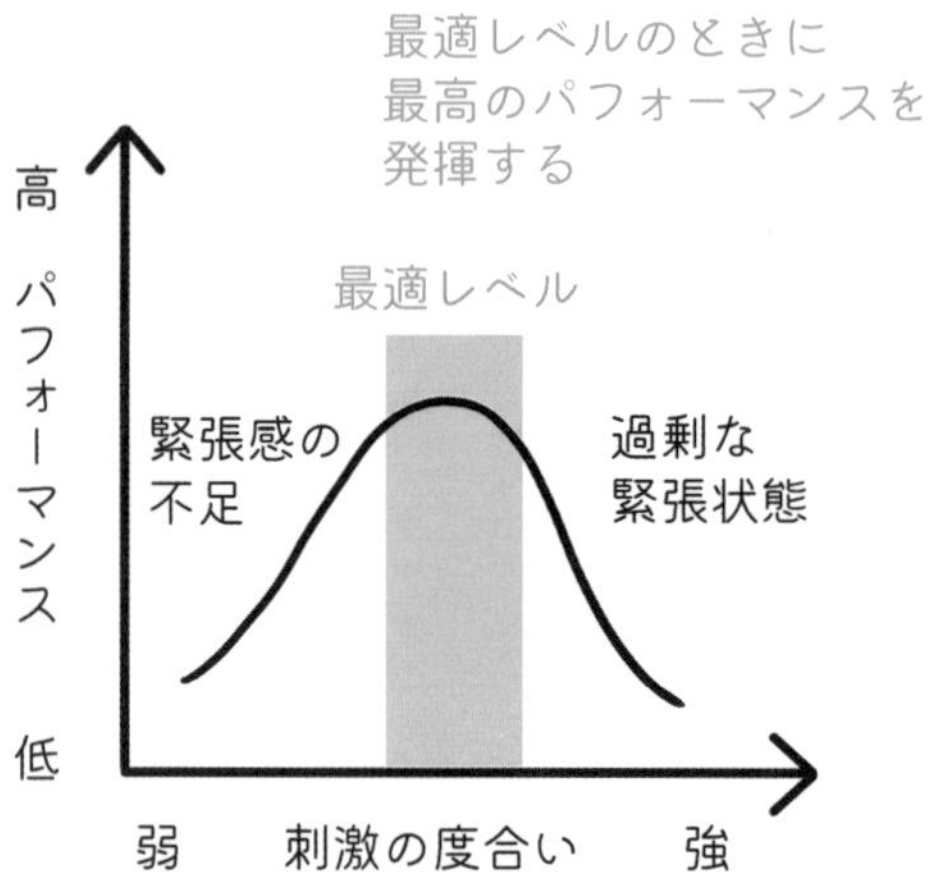

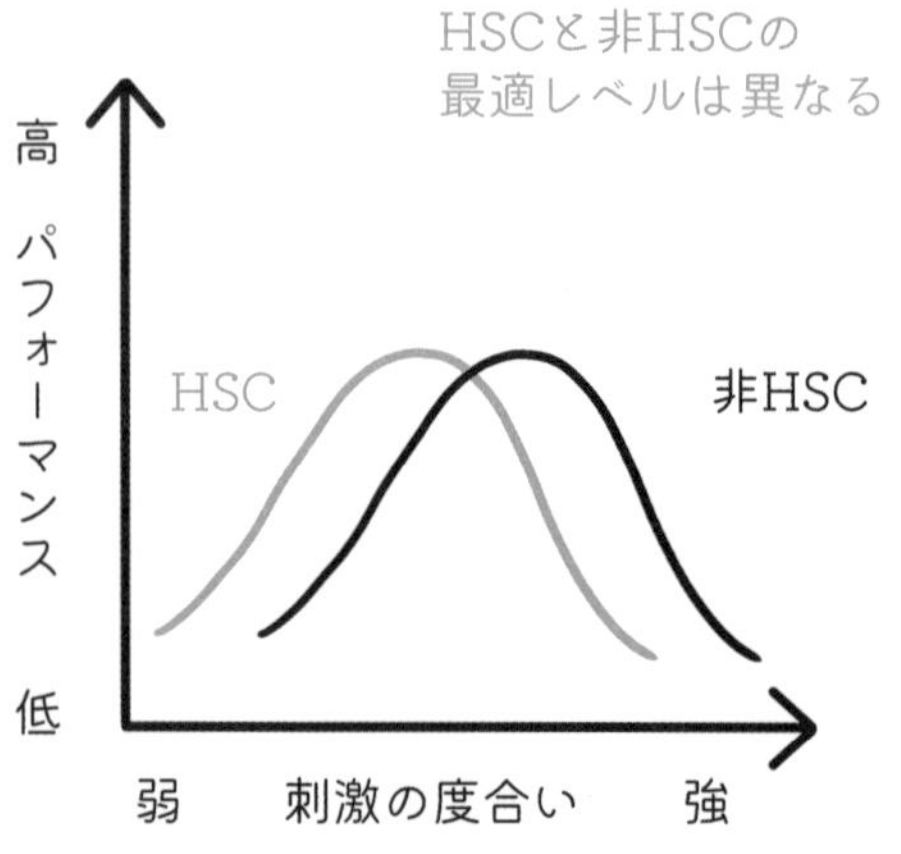

す。

この図をイメージすると、ＨＳＣが学校生活で力を発揮するためのヒントが得られるでしょう。

例えば今、Ａの強さの刺激があるとします。山の頂点になる部分、つまりベストパフォーマンスの状態にもっていくには、Ｂの強さの刺激まで和らげるように働きかけていけばいいのです。

もし、逆に刺激を強めるようなことをしたらどうなるでしょうか。例えば、「うまくやらないとみんなに迷惑が掛かるよ」というような言葉を掛けます。刺激の度合いが右方向に進むので、パフォーマンスは落ちていきます。つまり、力を発揮できない方向に働きかけたということになってしまうのです。

一方で、同じ言葉掛けでも、非ＨＳＣのグループに対して行うと、パフォーマンスが上がる場合もあります。

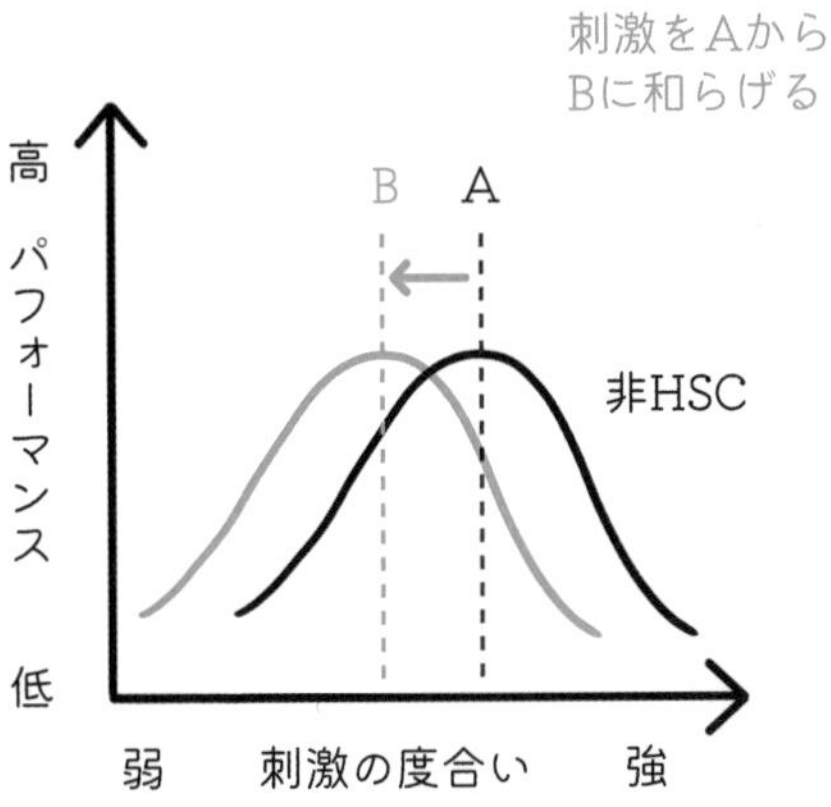

このように、学校生活では、先生がよかれと思って掛けた言葉（刺激）の効果が、HSCと非HSCでは正反対ということが起こりうるのです。

刺激の最適レベルに個人差があるからこそ、先生の個別の声掛けによって、刺激の度合いを微調整していく必要があると言えます。

2 刺激にあふれた学校生活

（1）学校生活でHSCが受ける刺激とは

一般社会と同様に、学校も多数派の非HSCに合わせて、その環境やシステムがつくられていると言えます。先ほどの図で言うと、非HSCに適したレベルになっていると考えられます。

例えば、先生の声や放送の音量が大きいと感じたり、教室の明かりが強いと感じたりする子もい

るでしょう。また、常にいろいろなことを考え、周囲をよく観察しながら行動しているHSCは、学校生活で求められる積極性や自己表現を難しく感じることもあります。HSCにとっては刺激が強い状態が日常的に続くのが学校生活なのです。

入学当初は、初めて出会う人たちと共に、初めてのルールやきまりの中で、学校生活がスタートしていきます。HSCはルールをきちんと守ろうとする意識が強いので、初めのうちはかなり緊張しています。

初めての経験に対して、特に緊張を感じやすい子もいます。何をどのようにして、どう終わるのかが分からない状況に強い不安を感じるような子には、先にきちんと説明してあげることが有効です。丁寧に説明して、本人が納得できれば、新しい活動にも安心して取り組めるようになります。

小学1年生の場合は、幼稚園や保育園での生活がどのようなものだったかによっても、本人の受け止め方は変わるでしょう。例えば、規律の厳しい幼稚園や保育園に通っていた場合、小学校の方が居心地よく、自然体でいられるようになったというHSCも中にはいます。また、中学1年生の場合も、どのような小学校生活を送ったかということが影響してくるでしょう。

では、学校生活に慣れたはずの高学年では刺激がないかといったら、そうとは言えません。高学年の場合は、先生との相性やクラスの雰囲気次第で悩みの差はかなり大きいと言えるでしょう。いつもクラスの誰かが怒鳴られているのを見なければならないような環境であれば、明らかに刺激が強すぎます。ＨＳＣの刺激の度合いには、クラスの雰囲気が一番大きく影響していると考えられます。おおらかに助け合えるような雰囲気だと居心地がよく、ギスギスしているような雰囲気だと人一倍苦しむことになります。

学校生活を送る中で、物事に対しては慣れが生じてきますが、人間関係に対してはなかなか慣れないものです。担任が替わったり、クラス替えでリセットされたりすることもあります。また、たとえ同じ先生や子どもたちと長く過ごす場合であっても、人間関係は動いていくものだからです。周囲の雰囲気に影響されやすいＨＳＣにとって、過ごしやすい年と過ごしにくい年があるというのは、何年生になってもよく聞く話です。

（２）「みんな仲良く」の呪縛

ＨＳＣに限らず、どんな人にも波長の合う・合わない相手はいるものです。なるべく波長が合う子と過ごすと、ＨＳＣも比較的穏やかな学校生活を送ることができます。無理して盛り上げなくても、好きなものや趣味の話を静かに語り合えるような友達と一緒にいると、HSCは自然体でいられるでしょう。

多くのHSCが苦手とするのは、大きな声で騒いだり怒鳴ったりする人、気分の浮き沈みを露骨に出す人、他人を傷つける発言をするような人たちです。もっともHSCではなくても、苦手だなと感じる人が多いでしょう。つまり、HSCが特殊なわけではなく、多くの人が苦手だと感じるものはHSCも苦手です。その感じ方が強いというだけなのです。

一方で、押しの強い子に気に入られやすいという傾向もあります。HSCはあまり強い自己主張をしないので、主張の強い子にとっては都合のいい存在です。HSCが相手だと、もめずに自分の主張を通せるからです。

そのような子と一緒にいるとHSCは疲弊してしまいますが、なかなか拒絶もできません。結局一緒にいて、振り回されることになりがちです。周囲から見たら友達と思われて

じゃあ今日は家に来るってことでいいよね！
今日はしたいことあるんだけど…
う、うん

いるけれども、実は内心いつも無理して相手に合わせているということはよくあります。先生も気が付かず、あの子たちは仲良しだと思っていることも多いでしょう。

ＨＳＣは相手の気持ちを考えるあまり、断れない傾向が強いのです。自分が我慢することで和が保たれるのであれば、バランサーになろうとする子が多いように感じます。争いごとを嫌うので、それを無意識に防ごうとしているのだと思います。

友達関係での悩みは、先生や親もなかなか気付けません。本人が、無理して苦手な子と付き合わなくてもいいんだと気付くことができれば、限界まで我慢するような事態は防げます。

クラスのみんなと仲良くしなければならないという固定観念に知らず知らずに縛られている側面もあるでしょう。学校でも家庭でも、誰とでも仲良くできることがよいという価値観を大人が与えている可能性があります。みんなと仲良くできないと困ると思い込んでいるだけで、実際にはそれほど困らないものです。相性の合う・合わないは確実にあるのに、みんなが仲良くするのはそもそも無理があるのではないでしょうか。

（3）集団の中のＨＳＣ

自分を曲げない子は我が道を行って、思ったことをそのままに発言するでしょう。HSCはそういう子に寄り添う形に自分を変えて、集団の和を保つことに貢献しています。自分自身はそれで大丈夫なのかというと、大丈夫ではないときも当然あります。

これは学校だけではなく、社会全体にも当てはまることです。自分を曲げて我慢してくれる人がいることによって丸く収まる、では収まればそれで解決かと言えば、そうではないのです。そして本人もそれを自覚していないと、なかなか自分自身のよさを伸ばしていくことができません。いつも人のために、人のためにと自分を変形させていくことになります。和を保とうとするところをその子の長所だと都合よく解釈され、その役割を押しつけられているような実態があります。それは、本当にその子自身の個性が尊重されていると

は言えません。何の不安もなく、自分の個性を思い切り伸ばすことができたら、別物になったのではないかというHSPも世の中にはたくさんいるだろうと思います。

あまり不安がない環境で伸び伸びと過ごせているHSCの場合、クラスのリーダー的な役割を担っていることもよくあります。責任のある行動を自然と取っていて、細やかな気遣いもでき、みんなからも信頼されています。この気質のよい部分が発揮され、なおかつ自分でもよさを自覚できると、どんどん自信を付けて個性を伸ばしていくことができるのです。

みんなが
笑顔でいられる
クラスにしよう
頼りになるな
さすが！

そういうHSCは中学生くらいになると生徒会の活動をするなど、すっかりリーダーとして活躍している子もいます。自分を曲げて集団に貢献するのではなく、自分のよさを生かして集団に貢献できるようになるのです。HSCらしい悩みは日々あるだろうと思いますが、その悩みを自分で解決しようと考えたり、行動に移したり、チャレンジしたりする

癖が付いていきます。

例えば、ささいな刺激に敏感である気質は、否定的に捉えたら「神経質で気にしすぎ」ですが、肯定的に捉えたら「細かいことによく気が付く」という評価すべき資質となります。周囲からどう捉えられているか、自分のことをどう捉えているかということが、成長に大きく作用するのです。

先生に掛けられた言葉で、大きく気持ちが変わったという子どももいます。その一言が、自分の気質を肯定するきっかけになるのです。ＨＳＣは、先生にほめてもらったことなどを本当によく覚えています。

3 緊張やプレッシャーを乗り越えて

（1）みんなの前で発表する場面では

学校生活の中では、発表する場面やみんなの注目を集める場面も多いですが、ＨＳＣはそういった場面で緊張しやすいです。必ずしも苦手というわけではなく、むしろ発表が上手だったり、得意に見えたりする子もいます。しかし、内心はとてもドキドキしていて、人一倍大きな負荷がかかっているということはあります。

では、発表する場面を避けた方がいいかというと、けっしてそうではありません。きちんとやり遂げたいという気持ちも人一倍強いのです。そして、やり遂げたときの喜びを深く感じ取ることもできます。頑張りたいという本人の気持ちを尊重するとともに、内心の緊張と戦いながら挑戦しているということを、先生が想像することが大切です。勇気を振り絞って手を挙げている子もいるということを認識していれば、子どもの発言を軽んじたり馬鹿にしたりすることはできないはずです。また、子ども同士でも誰かの発言を馬鹿にするようなことがあれば、それが想像力に欠けた行為だということに一人一人が気付けるように、先生が働きかける必要があると思います。

(2) きちんとやらなければというプレッシャー

ＨＳＣは何事もきちんとやらなければならないという気持ちが強いです。先生に言われたことはきちんと守ろうとするし、決められたことはきちんとやらなければならないと理屈抜きで思っている子が圧倒的に多いと感じます。自由でいいよと言われて、ようやく安心できるようなタイプの子たちなので、通常は「ちゃんとやらなきゃ」という方に傾きやすいです。

ただでさえプレッシャーを感じやすいHSCですが、学校生活の中では、限られた時間内で作業を終わらせなければならないというプレッシャーがかかる場面も多いでしょう。例えば、作文を書く場面や図工の作品を作る場面などでは、きちんと仕上げたいと思うあまり、時間内に終わらないこともよくあります。何か作るときにはまず頭の中でよく考えて、構想や段取りが見えてからでないと着手できないので、時間が足りなくなってしまいがちです。「当たって砕けろ」精神でとりあえずやってみる、ということがなかなかできません。満足できる仕上がりにしたい一方で、時間もきちんと守りたいという気持ちもあるので、そこに葛藤が生まれます。

子どもの中には、できていなくても平気で「まあいっか」という子もいますが、HSC

はその逆で、それなりにできていたとしても、「まだできていないし、時間もないし……」と切羽詰まってしまう子が多いです。

きちんとやりたいと思いがちなところは、完璧主義とも言えるかもしれません。自分に妥協を許せない子が多いです。また、自分だけではなくみんなが完璧を目指していると思っている傾向があります。みんなもきちんとやろうと思っているに違いないと思い込んでいる子が多いです。「適当でいいじゃん」という子もいることが判明すると、「そんな人もいるの?」とすごくびっくりします。そういうことに気付き始めると、本人はいろいろな考えが持てるようになるのかもしれません。

小学校入学前や低学年ぐらいの年頃の子どもについて、保護者や祖父母から「そんなに一生懸命やらなくてもいいとよく言うのですが、どうも一生懸命きちんとやらないと、と思うみたいで……」という相談をよく受けます。そんなときは、「みんなが完璧にやろうと思っているわけではないし、お母さんでも完璧にはできないよ」などと本人に伝えるようにします。すると、気持ちが楽になったという子がたくさんいます。他人の考え方を知ることは、自分を客観視するきっかけになるでしょう。

（3）給食の時間にあらわれやすいSOS

何か強い緊張を感じながら生活していると、それが給食の時間にあらわれやすいという側面があります。食べるというのは本来とても繊細な行為なので、そこに出やすいのです。

動物にとって食べ物を身体に取り込むという行為はそもそも危険を伴うものです。自分の身体にとって安全だという確信がなければ取り込めないし、たとえ安全だと分かっていても、リラックスしていない状態では喉を通らないのです。年度初めの4、5月ぐらいは給食がまったく喉を通らないという子もいます。でも家に帰れば食べられるので、痩せているというわけではありません。

特に低学年の子どもにとっては、家庭とは異なる環境で、食べ慣れていないものを食べ

るということは、大人が思う以上に勇気のいることなのです。

もちろん、給食そのものに対して緊張を感じる子もたくさんいます。HSCには味覚が敏感な子もいるので、給食の味付けなどに抵抗を感じて、食が進まないという場合もあります。また、給食の時間の落ち着かない雰囲気が苦手な子もいるでしょう。これらに関しては、第5章で詳しく説明します。

完食指導は昔ほど厳しくなくなってきていると思いますが、それでも「なるべく好き嫌いせず残さず食べましょう」という考え方は根底にあるでしょう。給食調理の方や農家の方に感謝をしながら食べる、食材を無駄にしないようにする、これらはもちろん大切なことです。

ただ、残さず食べなければというプレッシャーを感じている子に対して、どんな言葉を掛けたらいいのかということを考えるのなら、感謝して残さず食べようという指導はピントがずれていると言わざるを得ません。なぜなら、この子たちが食べられないのは、感謝が足りないせいではないからです。むしろ、食べ物を粗末にしてはよくないと分かっているからこそ、本人は苦しんでいます。

教科書的な言葉ではなく、目の前の子どもを見て、その子が安心できるような言葉を掛けてあげてほしいです。日頃から子どもたち一人一人を見ていたら、この子はこんなふうに感じるだろう、受け止めてしまうだろうという察しがつくはずです。表情が硬くなっている子には「大丈夫だよ」と個別に声を掛けてあげるといいでしょう。その一言でどれほど救われることか、想像してみてください。

(4) 自分を客観視できるようなサポートを

苦手なことを得意にすることはできないとしても、「自分にはこういう苦手なことがあるけれど、これは回避してもいいんだな」「こうすると案外平気だな」という自己分析ができるようになると、本人にとって深い悩みではなくなっていきます。さらに、身近に理解してくれる人がいれば、特別な信頼関係を築くこともでき、大きな満足感を得られるでしょう。苦労も含めて、自分の気質をよさの一つに変えていけるようになります。

自分を客観視することはメタ認知とも言い換えられますが、特に自分の気質を客観的に捉えるというのは、小学生にはなかなか難しいことです。保護者や先生など、周りの大人の働きかけやサポートが大きく作用します。他の子はどう考えるのかな、自分の考え方はどうなのかな、と自分を見つめ直すきっかけを与えてくれるのが、大人からの声掛けであることが多いです。逆に、その声掛けによって、さらに追い詰められる危険性もあります。

大人の側も、その自覚を持たなければなりません。

4 居心地のよいクラスとは

（1）一人一人を見抜く力

クラスの子どもたち一人一人に対して、この子にはどの声掛けが適切かを見抜く力というのが、先生には求められるだろうと思います。ある程度子どもたちを把握できている先生は、こんな言い方をしたらあの子がひどく傷つくだろうなというのが頭にあるので、全体に声を掛けるときにも自然と言葉を選ぶはずです。それゆえに当たり障りのない表現にはなりがちですが、必要に応じて個別に声を掛けます。例えば非ＨＳＣの子には、適度に緊張感を与える個別の声掛けが有効な場合もあるでしょう。

あるいは、全体への声掛け自体に2パターン含めるのもいいと思います。例えば、「今日は暑いから怠けてしまおうと思った人もいるでしょうね。でもこんなに暑くても絶対頑張らなくちゃと無理してしまった人もいると思います」というように話すと、その時点で両方の子どもが救われます。「私が頑張っていたことを先生は見てくれているんだ」と思えれば、その子にとっては救いになるのです。

クラスにいる子どもたち一人一人にそれぞれの心情があり、一日を過ごしています。一日に30人の気持ちすべてを想像できないとしても、例えば日替わりで想像してみてほしいなと私は思います。その子が一日どんな気持ちで過ごしていたのかなと、例えば日直の子で想像してもいいですが、一日に何人か想像してみると、いつの間にか一周するでしょう。このような想像力はとても大事だと思います。

まずは心掛けることです。心掛けてさえいれば、思うようにいかなかったことにも気付けるので、後から何とでもフォローが

できます。しかし、そもそも気が付かないままだと、知らず知らずに子どもを傷つけることになってしまいます。

（2）思いやりにあふれたクラス

自分に向けた言葉はもちろんのこと、ほかの誰かに向けた言葉であっても、あたたかい声掛けを聞くとうれしくなるのがＨＳＣです。先生の声掛けに愛があり、かつ的確だとうれしくなり、日々救われていきます。

日頃から意識的な声掛けができている先生は、クラスづくりもどんどんプラスに転じていくでしょう。普段の学級経営の中で、みんなに対してあたたかい眼差しを向け、いいところをほめて伸ばそうとする先生がいると、ＨＳＣは安心して過ごすことができます。ＨＳＣに対して何か特別な対応をするよりも、むしろクラスの一人一人にどう接しているかということの方が重要だと言えます。普段の雰囲気づくりがとても大切なのです。

ＨＳＣ本人は、自分だけを見てほしいとか、特別扱いしてほしいとはめったに思わない子たちなので、先生がクラスのみんなに愛情を向けていて、自分にも理解を示してくれているという状態を望んでいます。

先生が子どもたちに思いやりを持って接していると、それがあるべき姿だという価値観がクラス全体に広がっていき、子ども同士の会話にもあらわれます。例えば、失敗してしまった子に対して、「そんなことできないの？　ばかじゃん」と言ってしまうのか、「大丈夫だよ。何か手伝うよ」と声を掛けることができるのか、そういう場面にあらわれてくるのです。

思いやりの流れを最初につくるのは、先生の役割です。先生によって、クラスの雰囲気は大きく変わります。クラスの大多数の子たちに、思いやりを持つことが素敵だという価値観が定着してくると、一部の荒っぽい子どもに対する眼差しも、どうしてああなっちゃうんだろう、いい方法はないかな、というように変わってきます。荒っぽい子に振り回されて、クラス全体がギスギスしてしまうという状態にはなりません。

しかし、クラスの一部には、本当に先生も手を焼いてしまうタイプの子もいるでしょう。先生に対しても暴言を吐いたり、物を投げたりするような子どもです。そういう子に対して、大きな声で怒鳴ったり力でねじ伏せたりするような態度をとるのは逆効果です。とは言え、丁寧に接しようとして、他の子どもたちへの対応がいつも後回しになるのも不公平と言えます。誰か一人のためにクラスの雰囲気が悪くなり、特にＨＳＣや敏感な子たちが我慢を強いられているという状況は絶対に避けなければなりません。

先生はどの子に対しても思いやりを持った態度を貫いていく一方で、それが通用しない子どもには、別の対策を講じていく必要もあると思います。私は学校と関わる機会も多いですが、学校が外部の専門家たちと一緒に、よりよい環境をつくっていくためのシステムが構築されていくといいと感じています。

（3）様々な気質の子どもたちが協力し合うクラス

ＨＳＣが人一倍敏感だからといって、クラスにいる非ＨＳＣと協力し合うことができないかと言えば、そんなことはまったくありません。

私は人の気質について着目してきましたが、むしろ敏感ではない人たちの中にも、ＨＳ

Ｐと相性のいい人たちがいるということに気付きました。その代表は、おおらかなタイプ、正義感が強いタイプ、社会貢献思考タイプの人たちです。

このような人たちは、ＨＳＰに対して安心感や居心地のよさを与えてくれるとともに、ＨＳＰが慎重になって行動に移せないことを、いとも簡単に実行することができます。それがたとえ失敗に終わったとしても、ＨＳＰがまたじっくりと考察することで、よりよい方法を編み出していくこともできます。

社会の中では、気質の異なる人が役割分担をして、それぞれのよさを発揮することでうまくいくという場面がたくさんあります。

私自身は外向型ＨＳＰですが、講演など人前に立つ経験を通して克服したこともたくさんある一方で、苦手なことはやはりいつまでたっても苦手で、多くの人にとっては平気なことでも怖いと思うものはたくさんあります。

気が付けば、私の周囲にはおおらかな非ＨＳＰや外向型の正義感の強い人たちが集まっています。もちろんＨＳＰもたくさんいて、心強い仲間です。そのような仲間とは、お互いの気になることをテーマにとことん話をして満たされた気持ちになり、エネルギーをためることができます。

もしチームとして誰かがリーダーになる必要が生じたとしたら、経験上どちらのタイプがリーダーでも大丈夫です。どちらのタイプもリーダーに向いていて、それぞれの持ち味があります。その時々の課題の性質や状況に合わせて、役割分担すればいいのです。

つまり、学校生活においても、ＨＳＣと相性のいい非ＨＳＣが一緒に物事に取り組むと、素晴らしいコンビネーションを発揮することができます。車の両輪のように、ＨＳＣと非ＨＳＣのどちらの力も必要なのです。

（４）秩序が保たれたクラス

基本的には特別扱いは必要のないＨＳＣですが、私のもとに相談に来る子たちは、本当に苦しい状況が続き、本来のその子らしさが隠れるほどに荒れてしまっている場合もあります。本来は争いを嫌うＨＳＣが、他人に対して攻撃的になるというのはよほどのことです。なぜそうなってしまったかというと、クラスの状態がよくないという理由が圧倒的に多いです。日頃から揉め事が多く、「あいつが悪い」「こいつが悪い」と攻撃し合うような雰囲気で、本人も巻き込まれて先生に注意される側になってしまったりすると、一気にガタガタと崩れてしまいます。

そんな雰囲気のクラスなので、先生も何とかまとめようとする中で、とがった言葉が本人にも向かってくる、言い分を聞いてもらえずに怒られる、そんなことがあると本人のショックはとても大きいです。元々は争いが嫌いで穏やかなクラスを望んでいるのに、先生から誤解されて、自分が悪者になってしまったという状況は耐えがたいものです。

HSCは、秩序が乱れている状態に強い苦痛を感じます。評価されるべき人が評価されて、注意されるべき人が注意される、そんな当たり前のことがきちんと行われるような環境を望んでいます。「正直者がばかを見る」というような状況は特に嫌いです。

クラスの中にはズルをする子どもも当然いるはずですが、そういう子どもがいてはいけないというわけではなく、先生がそれに気付いて、適切な声掛けができればいいと思います。見ていない、気付いていないというのが一番恐ろしいことです。

HSCが絶望しやすいのは、先生が分かっていない、分かっていても対処しない、納得のいかない指導を繰り返すという状況です。そういう状況があまりに長く続くようだと、学校に行きたくなくなってしまいます。

（5）HSCは「炭鉱のカナリア」

「炭鉱のカナリア」という表現があります。危険が迫っていることを知らせてくれる存在のことです。カナリアは毒物に反応するので、炭鉱で毒ガスが発生した場合、それを察知してさえずりをやめると言います。昔、炭鉱労働者が危険回避のためにカナリアを連れていったことに由来します。

カナリアは毒ガスに反応する習性があるだけで、怠けているわけでも、わがままを言っているわけでも、我慢が足りないわけでもありません。

この話は、クラスの中でのHSCに置き換えることができます。HSCが今の状態をよくない、つらい、嫌だと思っているのなら、

クラスの雰囲気が悪くなってきているサインだと言えます。そのサインを早くキャッチするのはクラス全体にとって重要なことです。先生自身を救うことにもなるでしょう。

私はいつも、ＨＳＣが無事に育つことは社会全体のためだと言っているのですが、この子たちが自分の気質を生かした方向に進んでいき、力を発揮していけば、社会に貢献する存在になると思っているのです。

ＨＳＣに対して、我慢が足りない、根性がない、気にしすぎだ、というのは、カナリアに毒ガスが発生しても鳴き続けろと言っているようなものです。

第3章

HSCのために教師ができること

1 この子がもしＨＳＣだったらと想像してみる

（1）子どもたちの気質に目を向ける

クラスには様々な子どもがいますが、一人一人が異なる気質を持っているということを、普段意識することはあるでしょうか？

その子がＨＳＣかどうかを正確に判定することは、実はあまり重要ではありません。ＨＳＣかどうかの答え合わせはいらないでしょう。自分のクラスには何人のＨＳＣがいるのかなどと考える必要もありません。「あの子とこの子はＨＳＣだ」というレッテルを貼ることを、私は望んでいません。大切なのは、先生が一人一人の気質に目を向け、それを理解しようとすることです。

気質を意識するようになると、この子は敏感な部分があるかもしれないという気付きや、たとえＨＳＣではないとしても、この子はＨＳＣに適した環境だと力が発揮できるなという発見もあるでしょう。ＨＳＣという気質を理解すると、クラスの子どもたちが考えていることを想像する上で、大きなヒントになるのではないかと思います。

HSCはクラスに何人かいてもおかしくないということを踏まえると、あの子はみんなに気を遣っているけれど、自分の言いたいことが言えているのかなというような想像ができます。落ち着かない様子の子どもがいたとして、もしかしたら教室の何かが気になっていたり、心配していたりするせいなのかもしれないと考えることもできるでしょう。

先生がきつく叱ってしまったときに、たとえ叱られた本人ではなくても、強いショックを受けていた子が教室にいるかもしれないと気が付くこともできます。このような視点を持つことは、とても大切なことです。

(2) 落ち着きのない子がいたら

第1章でも説明したように、HSCとADHDの様子が似ているように見える場面もあ

ります。

例えば、物が落ちているのを発見して、何だろう？　と気になって席を立ってしまうのは、ＡＤＨＤの子によく見られる行為です。ＨＳＣの場合は、物が落ちているのを見つけたら、誰かが落として困っているかもしれないからどうにかしなければという気持ちで席を立つことがあるでしょう。どちらも「落ちている物を見つけて席を立つ」という行為は同じですが、そこに至る気持ちは異なります。

人に気を取られたり、気を遣ったりという気持ちに由来する行動が、単に落ち着かない様子に見られてしまうことがあります。これは、特に低学年で生じやすい誤解です。一度怒られると調子を崩してしまうので、小さなミスを繰り返すということがあります。怒られると調子を崩す⬇また怒られるという感じで、悪循環になるのです。

ＡＤＨＤの場合は、学校だけでなく、家庭でも同じような行動が見られると思います。それに対して、学校でペースを崩しやすいのはＨＳＣです。家では落ち着いて過ごしていても、学校で一気に緊張が高まってペースを崩すことがあります。家庭での様子を聞くことが判断のヒントにもなるでしょう。

　また、すでにADHDの診断を受けているという子でも、HSCの視点を取り入れた接し方を試みることは可能です。HSCへの接し方は、どんな子に対しても大きな弊害はないので、試してマイナスになるということはありません。

　例えば、トレーニングの話で言うと、とても簡単なことなのに、「わー、できたね。すごーい！」と大げさにほめられると傷ついてしまう子も中にはいます。「どうぞ」「ありがとう」という挨拶のトレーニングを繰り返して、よくできたねとシールをもらうことが悲しかったと話している子がいました。もしそういうトレーニングが合わないと感じたら、大げさに「すごーい！」とほめないで、「今日うまくいったね」と

自然な口調で伝えてみると、その子の居心地がよくなるかもしれません。

どういう診断が出ているかということはさておき、目の前の子どもの反応や様子をよく見て、その子の気質に合った働きかけをすることが大切だと思います。

(3) 荒っぽい行動をする子がいたら

第2章でもふれたように、苦しい状況に追い込まれたＨＳＣは、荒っぽい行動をすることもあります。ＨＳＣがそうなるのは必ず理由があるので、どうしてそうなってしまったかという根本の原因を突き止める必要があります。その子が自分自身の敏感さによって苦しくなっているということに気付けるかどうかで、先生の対処の仕方は大きく変わるでしょう。


ＨＳＣの場合は、保護者や前学年の担任などに話を聞くと、優しく穏やかな子だったという証言が圧倒的に多いです。元々はそういう気質なので、荒っぽい言動といっても、途方もなく攻撃したり、相手を傷つけたりするわけではなく、無愛想になったり、受け答えがあまりよくなかったり、行動が雑になったりする程度でしょう。それらは、子どもが発しているＳＯＳなのです。そのサインを先生が見逃さないようにしなくてはなりません。

すでに述べたように、その子の本来の姿を把握することがとても大切です。現在の姿には、何かしらの原因があるのだろうという視点を持つことです。

(4) 身体面での敏感さを持つ子がいたら

HSCの中には、教室の音や光、においが気になる子もいるでしょう。何が気になるかという点がはっきりすれば、できる範囲で対策もとれます。

例えば、水槽のにおいが気になる子、特にザリガニの水槽のにおいが苦手な子は多いのですが、水槽から離れた席に移動するくらいのことはできるのではないかと思います。また、午後に直射日光が入ってまぶしいようなら、廊下側の席に移動することもできるでしょう。

席替えのときに、「何列から前じゃないと黒板が見えない人は言ってください」とか、「窓際が苦手な理由があれば遠慮なく言ってね」などと、先生の方から声掛けするといいと思います。においが気になるとか、光をまぶしく感じやすいことが分かれば、先生にとっても、この子は敏感なところがある子だなと気付けるという側面もあります。

なお、HSCの敏感さはあくまで気質のレベルなので、小さな刺激で不快感がつのりやすいというものです。治療の対象になるような症状があれば、医療機関に相談する必要があるでしょう。

2 ＨＳＣの自己肯定感を育むために

（1）自己肯定感を持ちにくいＨＳＣ

　昨今、子どもの成長のためには「自己肯定感」を育むことが大切であるという認識が広がってきています。自己肯定感とは、自分の存在を積極的に評価できる感情や、自分の価値や存在意義を肯定できる感情のことです。つまり、「ありのままの自分でいいんだ」と無条件に思えることです。

　自己肯定感が高ければ、自分のよい面も悪い面も受け入れた上で、物事に前向きに挑戦し、失敗も乗り越えながら成長していくことができます。

ＨＳＣは物事を深く考えたり、他人の感情を気にしたりするために、気苦労が多く、疲弊しやすい傾向にあります。ささいなことに影響され、心が乱れることもあるので、自分の気質を肯定的に捉えることが難しい側面があるでしょう。さらに、強く叱られたり、周囲から否定されたりすると、その影響も受けやすく、ますます自分を肯定できなくなってしまいます。そんな幼少期を経て大人になったＨＳＰの中には、「気にしすぎる自分が嫌い」「ありのままでいいなんて思えない」という気持ちを抱えている方も多いです。

ＨＳＣが自分の気質を肯定し、よさとして伸ばせるような環境があるかどうかが、その子の将来に多大な影響をもたらすと言っても過言ではありません。そして、その環境づくりには、保護者や先生の役割がとても大きいのです。

(2) タフでないと生きていけない？

子どもが、小さなことを気にする様子や周囲に影響されやすい様子を見せたら、大人はどう感じるでしょうか？「気にしすぎ」「そんなにナイーブだと将来が心配」「多少のことではくじけないくらい強い子に育てないと」「活発で朗らかな子になってほしい」など。特に保護者は、我が子の将来を案ずるあまり、敏感な気質を矯正しようと考える方もいます。

しかし、その考え方自体が、社会の固定観念にしばられているのではないでしょうか？タフであることをよしとするのは、社会の多数派によってつくられた価値観であり、本質的なよしあしとは関係ありません。例えば、小さな変化が気になるところをネガティブに捉えると「気にしすぎる子」となりますが、ポジティブに捉えると「よく気が付く子」となります。

周囲から「気にしすぎ」とか「神経質」、あるいは「そんなことまで気が付くなんて気持ちが悪い」などと言われると、他人から喜ばれない特徴であると認識し、隠そうとするようになります。できることなら好かれたい、人から受け入れられたいと思うのは自然な感情でしょう。ありのままの自分では受け入れられないと思えば、自分らしさを否定しようとするのです。これは、自己肯定感が低い状態と言えるでしょう。

自己肯定感「高」
よく気付いたね！
すごいね
よく見ているね！
自己肯定感「低」
気にしすぎ
そんなことまで？
神経質

逆に、「すごい！ よく気付いたね」「よく見ているね」「観察眼が鋭いね」などと言われると、自分のよさだと認識し、誇れるようになります。「〇〇さんはよく気が付くから、意見を聞いてみよう」などと他人から頼りにされることがあると、自分は役に立つ存在だと認識し、大きな自信を得られるでしょう。これは、自己肯定感が高い状態と言えます。周囲からどう扱われてきたかということが、自己肯定感に大きく影響するのです。先生や保護者からの声掛けは、その子の人生を左右するほどの影響力を持っています。

私は、HSPの社会的役割というのが確実にあると思っています。社会の中で、敏感さや思慮深さ、察知する能力が長けている人たちが貢献する場面はたくさんあります。研究の世界などは、特にそうでしょう。

また、HSPが先に危険を察知するからこそ、社会の秩序は保たれます。逆に、慎重ゆえに危険にさらされる場面もありえるので、大胆な行動ができる非HSPももちろん大切な存在です。要するに、そのバランスが重要なのだろうと思います。HSPが5人に1人の割合で存在することには、意味があるのだと考えています。

（3）気質だけでは決まらない子どもの可能性

一般的に、「気質」と「性格」は混同されやすいのではないかと思います。「気質」は先天的なもので、人間にとって土台となる部分です。それに対して、「性格」は後天的なもので、経験や環境の影響を受けて変化していきます。

HSCで言うと、深く考えがちなところは気質の部分ですが、そこからどのような性格が生じていくかは、人によって様々です。気質は先天的なものですが、当然それだけで人生が決まるわけではなく、いかようにも変化していく可能性を子どもは秘めています。

自己肯定感を持てるかどうかが、周囲からの扱われ方に大きく左右されることは、先ほど述べた通りです。そして、自己肯定感を持てるかどうかは、性格にも大きく影響します。

HSCの中には、心配性で悩みがちな子、控えめで他人の顔色をうかがう子もいれば、いざというときは自己主張できる子やリーダーとして活躍する子もたくさんいます。それらは、あくまで自分で自分をそう認識しているという意味です。

例えば、それなりに心配する子であっても、自分がそこに問題意識を持っていなければ、心配性だとは思わないでしょう。家族の中、クラスの中、たまたま仲の良いグループの中など、どういう集団にいたかによって、周囲と比べて自分は心配しすぎだと感じたり、逆にあまり気にしない方だと感じたりするのであって、相対的な見方だと言えます。

どういう認識を持たれやすかったか、それによって自分自身をどのように認識したかという点が大きいのです。

HSCはかわいそうな子でもなければ、不幸な子でもありません。ありのままで幸せになれる可能性を大いに持った存在なのです。

(4) 力を発揮できるような環境づくり

いかようにも成長する可能性のある子どもたちが集まっているのが学校という場です。一人一人が自分に合った方法で、自分のよさを伸ばせるような環境をつくることが何より大切だと思います。

HSCにとって、学校生活には緊張を感じやすい場面が多いということは、第2章でも述べました。例えば、発表会などの行事で、その緊張を乗り越えて力を発揮できるようにするためには、先生の声掛けは大きな助けとなるでしょう。

HSCは、やる前からあれこれと考え、よくない展開を想像してしまう傾向があります。気持ちを楽にするには、「これがうまくいかなかったからといって、どうなるわけでもないよ。もしうまくいかなかったとしたら、次はこうしてみよう」「うまくいったとしたらこうだし、うまくいかなくてもこうだよ」というように提示すると効果的な場合もあります。冷静に可能性に目を向けさせることで、心配する気持ちを和らげることができるでしょう。

一番よくないのは、「心配しすぎだよ」「悪い方に考えてはダメ！」などと言って、まともに取り合わないことです。本人は真剣に心配しているので、その気持ちに寄り添ってあげてほしいです。

もう一歩踏み込む余裕があるなら、例えば「発表会に向けた練習を先生に見てもらいたい人は事前に言ってね」「先生も練習に付き合うからね」などと提案し、本番に向けての準備を手伝うのもいいでしょう。どうしようとドキドキしている子にとっては、先生に前もって練習を見てもらえることは大きな自信になります。このようなサポートがあると、HSCは助かるでしょう。

失敗を避けたい、きちんとやりたいという

本番が
心配で…
練習して
みようか？
先生が見るよ

気持ちが強い子に対しては、ただ「大丈夫だよ」と声を掛けるよりも、そう思えるような根拠をつくってあげるといいです。これだけ準備したからできそうだと思えれば、落ち着いた心で臨めます。失敗して落ち込む子をフォローするよりも、準備の段階でサポートして、ある程度は安心した状態で本番を迎えられるようにする方がよいでしょう。

苦手な役割が回ってきたり、断り切れなくて引き受けたりする場面もあると思います。経緯はともかく、本人が引き受けたのであれば、責任感を持って一生懸命取り組むでしょう。苦手なことでも挑戦しているということを理解した上で、その頑張りを見届けてほしいです。苦手なことをやらずに済むように守ってあげる必要はありません。やるとなったらきちんとやり遂げたい気持ちが強いHSCなので、やり遂げるためのサポートをするのがよいでしょう。

HSCだけでなく、どの子に対しても同じですが、「どうしても無理だなと感じることがあったら、先生に言いに来てね」という言葉を掛けておくと、救われる子もいると思います。実際には何も言いに来なかったとしても、そういう声掛けがあるだけで安心することもあるのです。

辛くなってしまう前に伝える癖を付けるのは、どの子にとっても大事なことです。HS

Cは特に我慢しやすいので、先生が日常的に、伝えやすくなるような声掛けをしておくといいと思います。先生に助けを求めるのに勇気が必要な子もいます。日頃から練習しておかないと、なかなか言えないものです。深刻な雰囲気ではなく、気軽に言える雰囲気をつくっておくことが大切です。それは、先生と子どもの信頼関係を築くことにもつながるでしょう。

3 教師がHSPであっても、非HSPであっても

(1) HSPの先生の強み・陥りやすい考え方

先生方の中にも、約5人に1人の割合でHSPは存在します。HSPは当然、HSC時代を経験しているので、本書をここまでお読みになって、自分のことだと感じている方もいるでしょう。

穏やかで平和を好むHSPらしい先生に対して、安心感を持つ子どもは多いです。特にHSCは、そういう先生を好みます。盛り上げ上手で派手なアクションの先生は、多くの

子どもたちの人気を集めると思いますが、それよりも物静かな先生が好きだという子どもは確実にいます。

　また、ＨＳＰの先生は、ＨＳＣの気持ちを理解しやすいという強みがあります。さらに、ＨＳＰらしい観察力を発揮して、クラスの子どもたちをよく見て、様々なことに気付くことができます。子どもを評価するときにも、表面的な積極性だけではなく、内面を捉えようとするでしょう。子どもたちのことだけではなく、校内のこと、先生同士のことでもきめ細やかな働きをしていることが多いです。そのような点から、教師に向いている気質だと言えます。

　その一方で、ＨＳＰだからこそ、より苦しく感じる場面もあるでしょう。例えば、子どもを怒鳴るような指導に疑問を感じたり、学校の慣習に違和感を持ったりしても、なかな

か言い出せず、モヤモヤを抱えることも多いと思います。

また、すでに述べたように、ＨＳＣは周囲から敏感さを抑えることを求められたり、あえて鈍感になろうと努めたりすることも多いので、ＨＳＰの先生自身がそのような経験をしている可能性もあります。あるいは、大人になった現在でも、自分の敏感さを封じながら生活しているのかもしれません。

これは、ＨＳＰの保護者にも同じことが言えます。自分が一生懸命克服して乗り越えてきた過去があるので、子どもに対しても同じように努力させなければいけないと思っている方は多いです。根っこの部分で、自分自身を否定しているのです。

悲しいことですが、周囲からよさとして認めてもらえない経験をたくさんしてきたからだろうと思います。そのため、いくら自分が我が子の味方をしても、学校ではもっと積極性やたくましさを要求されるだろう、社会に出たら評価されないだろうという確信を持っていて、それならば適応していかなければならない、それがこの子のためだというように考えるのです。

ＨＳＰの先生も、ＨＳＣの敏感さを矯正するような方向に導いてしまう危険性があると言えます。活発で積極的に見えるような、いわゆる学校生活で評価されやすいような子ども像を押しつけてしまうこともありえるでしょう。

「多様性の尊重」が叫ばれていますが、では学校生活における多様性とは一体どういうことを意味するのか、公平性とは何だろうかということを、本当に見つめ直す必要があると思います。

ＨＳＣの気質を「矯正する必要はない、これはよさなんだ」と肯定できている先生は、迷うことなく、よさを伸ばすような指導ができるでしょう。

先生にも保護者にも分かってほしいのは、ＨＳＣの敏感さは矯正すべきものではなく、よさとして伸ばすべきものだということです。もし、克服したから今があると思っているのだとしたら、もう一度自分自身を見つめ直してほしいのです。もし自分のよさを存分に伸ばしていたら、今以上に力が出せたかもしれないという可能性に気付いていない方が多いのではないでしょうか。

ＨＳＰの先生が、自分もああいう子だったなと思い出すようなＨＳＣに出会ったときに、一生懸命克服した自分をそこに重ねるのではなく、この子のよさが伸びたらすごいかもしれないという気付きを持てたら素晴らしいことです。きっと先生自身が、自分を肯定することにもつながるのではないかと思います。

ＨＳＣ時代にこんな言葉を掛けてほしかったなと思いつくことがあれば、そういう声掛けが実践できるのもＨＳＰの先生の強みです。子どもたちの人生が変わるくらいの影響力があると思います。

（2）非ＨＳＰの先生にとってのＨＳＰやＨＳＣ

自分はおそらくＨＳＰではないと感じている先生方の中には、そもそもこういう感じ方を想像したことがなかった、クラスの子どもの敏感な気質に気付けないかもしれない、と思っている方もいるでしょう。そういう先生にとっては、まさに本書が、子どもたちを深く理解するきっかけになるとうれしいです。

子ども時代を振り返ると、学校でも伸び伸びと楽しく過ごせて、先生にも評価されやすかったのではないでしょうか？　気質とは別の要因で、苦しい経験をされた方ももちろんいると思いますが、少なくとも敏感さによる過ごしにくさは感じなかったでしょう。

これまでの人生で出会った人たちの中にも、HSCやHSPが必ずいたはずです。なんとなく自分とは違うタイプだなと感じていたあの人やこの人の顔が浮かぶことでしょう。HSP／非HSPという概念を知ると、今まで見えていなかった存在が浮き上がって見えてくるのではないかと思います。

その人たちに助けてもらったり、支えてもらったりした経験があるかもしれません。また、その人たちを助けてあげたこともあるでしょう。意識していないだけで、HSCやHSPと協力し合った経験がきっとあるだろうと思います。


非HSPの先生の強みとして、HSPがなかなか行動に移せないようなことを、どんどん実行していける行動力や大胆さが挙げられます。

HSPがじっくりと考え、実行をためらっているような時に、非HSPはすぐさま実行に移すことができます。2章でも述べたように、HSPと非HSPが役割分担をすると、最高のコンビになれるでしょう。

また、HSPはモラルを内面化していると言われるくらい、平和や正義を大切にしていて、不公平なことが大嫌いです。そのため、正義感の強いタイプの非HSPの先生は、同僚のＨＳＰやクラスのＨＳＣに自然と信頼を寄せている可能性もあります。相性がいいと言えるでしょう。これまでは無意識に一目置いていた存在に対して、気質の違いに気付いたからこそ、より一層よさを認識できるようになるかもしれません。

ＨＳＰの先生が意外と陥りやすい考え方として、敏感さを矯正しようとする危険性もあるという点を先ほど述べましたが、非ＨＳＰの先生にも同じような危険性はあります。むしろ非ＨＳＰの先生こそ、その危険性は高いです。

非ＨＳＰの先生の場合は、自分が特に意識しなくても実践できたことを、当然子どもたちもできるものだと思い込んでしまう場合があります。そうすると、「なぜできないの？」「そんなことを気にしていたらうまくいかないよ」という発想につながり、克服させようという方向に進んでしまうのです。

私が相談を受けているときによく聞くのが、「こんなことを気にしていたら、この先何もできないですよね」とか、「先生が怖いと学校に相談したら、『もっと怖い先生はたくさんいる』と言われました」というような言葉です。子どもの将来を思うからこそ、「もっと気持ちを強く持てるような子にならないと」と考える先生は多いでしょう。実際には、様々なよさがその子を彩っているにもかかわらず、一部分だけを取り上げて、「弱音を吐いている」「我慢が足りない」という見方をしがちです。先生がHSCの存在に着目するのは、何か困ったことが起きたときが多いので、よさとして認識しづらいと言えます。どうしても敏感さを克服させようという展開に陥りやすいのです。

（3）気質の違いを生かした連携体制

非HSPの先生は、HSCの話を聞いてもあまりピンとこなかったり理解できなかったりすることもあるでしょう。そんなときはHSPの先生（HSPと思われる先生）に相談したり、直接子どもとHSPの先生が話せる機会をつくったりするといいと思います。

担任の先生が、一人で自分のクラスの子どもたちを見なければいけないわけではありません。他の先生と積極的に情報共有して、みんなで子どもたちを見ていけばいいのです。子どもにとっても、自分を理解してくれる先

生につないでもらえたほうがいいでしょう。逆に、ＨＳＰの先生を接しづらく感じる子どもには、非ＨＳＰのタフなタイプの先生と話す機会をつくったほうがうまくいくかもしれません。

先生方がそれぞれの気質を生かして、積極的に連携をとることが大切です。気質の違いをもっとオープンに捉えていくことが必要だと思います。子どもが、自分の気質に合う先生と日頃から話をできるのはとてもよいことで、それが必ずしも担任である必要はありません。校内に頼りになる先生や話を分かってもらえる先生が、できれば何人かいるといいでしょう。

職員会議など、先生同士の意見交換の場では、ＨＳＰの先生は少数派になるはずです。その中で、意見するのは勇気がいると思いますが、自分の感じたこと、気になったことなどをぜひ発信してほしいと思います。大きな改革案を突きつけるわけではなく、「こういうところも取り入れたらどうでしょうか？」「こういうのが好きな子もいるのではないでしょうか？」など、選択肢の一つとして提案していくことならできるのではないかと思います。校内の慣習などを改善するきっかけになるかもしれません。

また、行事のプログラムを決める際などにも、ＨＳＣが好みそうなものや取り組み方を提案することも考えられます。大人気になるかは分からないけれど、それを楽しむ子が確実に一部はいるであろうことを、HSPの先生だからこそ気が付けるのではないでしょうか。

例えば、長縄やドッジボールなどのプレッシャーがかかる遊びが嫌いなHSCは多いです。学校の行事や遊びは、多数派の子どもを対象に考えられているものが大半なので、HSPの先生の感覚がもっと反映されていってほしいと思います。

（4）子どもを強く叱る必要はない

HSPの先生は、子どもを強く叱ることに抵抗を感じたり、他の先生の怒鳴るような指導に疑問を感じたりすることも多いと思います。あるいは、他の先生のように強く叱れるようにならないといけないと思っている方もいるかもしれません。もちろん、非HSPの先生の中にも、同じような思いを抱えている方はいるでしょう。

私は、基本的に子どもを強く叱る必要はないと考えています。そもそも本当に叱らなければならないようなことをする子はほんの一部で、私が運営しているフリースクールでも、これまでに2人くらいしか出会ったことがありません。

気になる行動を見つけたときには、「どうしたの？」と聞けば、子どもは何か答えるでしょう。それを聞いて、「だったら、こうした方がよくない？」「そういうふうにすると誤解されるよ」などと、先生が教えられることがあると思います。そして、「今の行動、ダメだと思わない？」と確認し合うことができれば、叱る必要などありません。子どもの答えによっては、明らかによくない発想をしていることもあるので、その場合はなぜそう思うのか、よく話をしないといけないでしょう。

私は保護司もしているので、罪を犯した子どもの面接をすることもあります。そういう子たちであっても、強く叱ればよくなるかといったらそうではありません。むしろ何をしても叱られたから自分には価値がないと思い込み、自暴自棄になっていることもあります。たくさん叱られたからといって、本人が

更生しようと思えるかどうかは別です。目の前の人に対して、どれだけ誠実に話をしようと思えるか、どれだけこの人を裏切ってはいけないと思えるか、そういう信頼関係が求められるのです。叱ることで、その信頼関係が築けるとは思えません。

第2章でもふれたように、特にHSCは思いやりにあふれた環境だと安心して過ごすことができます。先生の怒鳴り声が響き渡るような教室では、よさを発揮することもできず、学校に行けなくなってしまうことさえあります。そして、そのような環境は非HSCにとってもけっしてよいものとは言えません。HSCは「炭鉱のカナリア」のように、居心地のよいクラスかどうかを教えてくれる存在です。クラスの状態をさし示すバロメーターとも言えるでしょう。HSCが安心して過ごせるクラスは、みんなにとっても居心地のよいクラスなのです。

（5）子どもの理解者になる喜び

HSCの子はこういう感じ方をするんだなと頭で理解できたとしても、すぐに適切な接し方ができるようになるわけではありません。日々の生活の中で想像したり、接したりする経験を積み重ねることが大切です。

私も目の当たりにしたことがありますが、気持ちを分かってもらえたときの子どもの表情というのは特別です。周囲に理解してもらえず、自分に自信を持てない日々を過ごしていた子どもが、気持ちを分かってもらえたと思った瞬間、生き返ったような表情を見せます。それは静かながらも、実に感動的な瞬間です。

敏感な気質は自分ではコントロールできないものであるからこそ、そのありのままを受け入れてもらえることは、ＨＳＣにとって大きな意味を持ちます。

先生が、そういうかけがえのない存在になってくれたら、どれほどうれしいことでしょう。そして、先生にもＨＳＣの理解者になる喜びをぜひ味わっていただきたいと願っています。

第4章

HSCがよりよく学ぶために

ＨＳＣの学習面について考えるとき、その気質が原因で学習につまずきやすいかというと、それはないと言えます。私がこれまでに受けた相談の中でも、学習についていけないというようなケースはありませんでした。

学習面での特別なサポートが必要になる場面はあまり多くはないと思いますが、ＨＳＣの敏感さが学習にも影響することは考えられます。ＨＳＣの気質を生かした学び方を尊重することで、学習意欲をより高めることができるでしょう。

1 もし授業に集中できなくなっていたら

（1）教室の環境が気になって、授業に集中できない場合

ＨＳＣの中には教室の音や光、においが気になる子もいるので、それが学習に悪影響を及ぼす可能性もあります。第3章でも述べましたが、水槽のにおいが気になる子はなるべく離れた席に移動させたり、光をまぶしく感じやすい子は廊下側の席に移動させたりすることで、改善できる場合もあるでしょう。

また、学校の改修工事などでものすごく大きな音が出ていたり、誰がどう見てもまぶしい日差しなのにカーテンを閉め忘れていたり、暑くても寒くてもエアコンを入れなかったりと、通常の快適さが損なわれているような環境では、どの子にも悪影響はあるでしょう。特に、最近の夏の暑さは異常で、子どもは大人よりも体力を消耗しやすいため、当たり前のこととして学校側が配慮すべきだと思います。

そのような全体に関わることではなく、例えば隣の子のペンのカチカチする音が気になったり、貧乏ゆすりが気になったりする子もいるかもしれません。こんなことは先生に相談するようなことではないからと、一人で我慢している可能性もあります。どんな理由であれ、子どもが教室の環境について気になっていることがあれば、先生に話しやすいよ

うな雰囲気があるといいと思います。ＨＳＣかどうかに限らず、クラス全体に「席のことで困ったことがあれば言ってね」と声掛けをしておくといいでしょう。

また、個別に話す場合には「何か困っていない？」と直接的に尋ねるよりも、ただ雑談をすることで安心感が生まれ、困ったことも含めて先生に話しやすくなるということが言えます。日常的に、どの子どもとも何気ない会話ができるといいと思います。子どもが、「この先生になら言ってみよう」という気持ちになれるかどうかという点はとても大きいです。会話の糸口は何でもいいのですが、その子が好きなものだと会話が弾みやすいでしょう。例えば犬を飼っている子なら、「最近○○ちゃんは元気？」と声を掛けるだけでもいいです。日常的に会話をしていれば、いざ何か困ったことがあるときに子どもが相談しやすくなります。

（２）気になることや心配事があって、授業に集中できない場合

授業中に何か気になることや心配事があると、集中できなくなるという場合もあります。ＨＳＣは物事を深く考える傾向があり、解決するまで気にしないでおくことは苦手なので、授業中に深い思考に入り込んでしまった場合、そちらに気をとられてしまいます。授業は

子どもがいました。

また、ワークシートやポートフォリオに感想や考察を書いて提出する方法だと、自分の意見が出しやすく、さらに先生からも高く評価されたと話してくれた子どももいました。次の授業で「こういう意見がありました」と紹介され、先生やクラスのみんなから評価されたことは、大きな自信につながったようです。

1人1台端末の普及によって、挙手以外の手段で、自分の意見を伝えられる場面も増えました。端末を使って意見を出したり共有したりすることが可能になり、従来の授業スタイルも大きく変わってきています。HSCにとっては、意見を出しやすくなるというメリットもあるでしょう。

(2)「主体的に学習に取り組む態度」をどう見取るか

学習指導要領の平成29年改訂に伴って、観点別学習状況評価の各観点も整理されました。「知識・技能」「思考・判断・表現」「主体的に学習に取り組む態度」の3観点のうち、特に悩んでいる先生が多いのが「主体的に学習に取り組む態度」だと思います。

従来の学習評価では、「関心・意欲・態度」の観点のもと、挙手の回数や毎時間ノートをとっているかというような表面的な行動で評価するという誤解があったと指摘されています。この誤解が今もないとは言い切れません。

先述したようなＨＳＣの授業への取り組み方を理解すれば、挙手の回数によって子どもの意欲を判断することがいかに間違ったことか分かるはずです。

先生がそのような評価方法をしていると分かれば、子どもも無理して点数稼ぎをする方に向かうでしょう。それは、本質的な学びの在り方とは言えません。


「主体的に学習に取り組む態度」の評価のポイントとして、「粘り強い取組を行おうとする側面」と、「自らの学習を調整しようとする側面」という2つの側面が示されています。「知識及び技能」や「思考力、判断力、表現力等」という資質・能力を身に付けることに向けて、自ら学習を調整しながら粘り強く取り組もうとすることが大

切であり、それを見取ることが求められているのです。これには、自己調整学習や自律的学習、メタ認知なども含まれてくるでしょう。

ＨＳＣは自分の進めやすい学習方法を知っている子が多いと感じます。具体的には、自分のペースで進められる調べ学習などが得意で、高い集中力を発揮し、黙々と取り組みます。ＨＳＣの気質のよさを伸ばすことができたら、まさに学習の調整や粘り強さにつながるだろうと思います。

また、急に先生に指名されるような授業ばかりだと、その緊張感に気をとられてしまい、よさを伸ばしづらいでしょう。余計な緊張感をもたずに、安心して深く考えられたり、人に気を遣わずに打ち込めたりする学習は、ＨＳＣに適した方法だと考えられます。

4 「個別最適な学び」と「協働的な学び」

(1) ＨＳＣの気質を生かした学び方

ＩＣＴも活用しながら、多様な子どもたちに対応した「個別最適な学び」や、あらゆる他者とのつながりを生かす「協働的な学び」を一体的に充実させようという方針が打ち出されました。

「個別最適な学び」には、子ども一人一人が自分の特性に合った方法で学習を進められるように教師が指導を工夫することと、また子ども自身が自分にとって効果的な学習方法を知ることなども含まれます。

先ほど述べたように、挙手以外の手段で自分の意見を出せるような方法や主体的に取り組む探究学習などは、ＨＳＣの気質のよさを生かし、さらに伸ばせるのではないかと思います。発表する、グループで話す、端末を使う、自分で進めて分からないところを質問するなど、い

ろいろな選択肢から自分が学びやすい環境や方法を選んだり、もっとこういうことがしたいという希望を伝えられたりする機会が増えるといいでしょう。

研究授業では、先生同士が授業を評価し合ったり、指導主事や大学教授が助言をしたりします。それももちろん意義のあることですが、本来は授業を受けている子どもたちの希望が普段の授業にもっと反映されるべきではないかと思います。

個別最適な学びを充実させようとする中で、子どもの気質の違いにも意識が向くようになり、気質によって学びやすい環境や方法が違うということも見えてくるのではないかと期待しています。

（2）多様な子どもが協働する授業

第2章では、ＨＳＣと非ＨＳＣが役割分担をして協力し合う姿についてふれましたが、授業中にも役割分担ができる場面はあるでしょう。

グループごとに学習を進める場合は、細かく調べるのが得意な子、意見をまとめるのが得意な子、発表が得意な子、などとそれぞれによさを生かすことができます。

先生が机を回りながら、グループ内での発言などを拾って、それぞれによさを発揮している姿をきちんと見取ることが大切です。例えば、全体に向けて発表するのがＡさんでも、グループ内ではその意見をBさんが出していたとしたら、先生が「Bさんがそう言っていたよね」などと言うだけで、Bさんはうれしくなります。「自分のことも見てくれていたんだ」という喜びを感じるはずです。そういう先生の観察力や細やかな配慮で、救われる子はたくさんいます。

　また、子ども一人一人のよさを見逃さずにいる先生の姿を見ていると、子ども同士もお互いのよさを認め合えるようになるのです。

第5章

HSCへの個別対応ケーススタディ

case 01

給食が食べられない、給食の時間が苦手

ＨＳＣの中には、給食に苦手意識を持つ子どもが多く存在します。要因は様々なので、目の前の子どもがどんな困難を感じているかということに目を向ける必要があります。

❶教室が騒がしい

配膳をする時間は動きや音が大きく、それだけで心がざわつく子もいます。

❷食べ慣れない味付けや見た目

味覚が敏感な子は、家庭とは異なる味付けや見た目に抵抗を感じることもあります。

❸量が多い

食べきれないのではないかと不安になってしまう子も多いです。特に、残さず食べようという指導があると、強いプレッシャーを感じます。

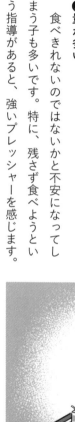

❹準備の速さや残飯の少なさを競う

学校によっては、準備のスピードや残飯の量をクラス対抗で競うこともあるようです。準備の時間がさらに騒がしくなったり、完食指導がエスカレートしたりすることも考えられます。

教師の対応

- 給食当番の子ども以外は席に着くなど、静かな環境をつくる。
- 配膳の際には班ごとに並ばせるなど、落ち着いた行動を促す。
- 「あと何分」などと急がせずに済むよう、ゆとりのある時間配分を設定する。
- その子に合った量を配膳する。
- どうしても食べられないものがあるという子どもに対して、画一的な完食指導をせず、本人や保護者の話を聞く。
- 残してしまっても下膳のときに責めない。

保護者に対して

- 子どもが食べられる量や食材などに不安がないか確認しておく。

case 02

学校のトイレに行きづらい

ＨＳＣの中には、トイレに関して困難を感じる子もいます。この要因は大きく2つに分けられます。1つは学校のトイレ自体に抵抗があるため、もう1つはトイレに行くタイミングを逃してしまうためです。排泄は生理的欲求なので、この点に不安を感じることは、学校生活において大きなストレスになるでしょう。中には、トイレが原因で学校に行けなくなってしまう子もいます。

❶学校のトイレに抵抗を感じる

- 音が聞こえていないか、においが残らないか不安
- 和式に慣れていない
- 汚れている、臭い、虫が飛んでいるのを見た
- 男子児童の場合は、個室に入るのが恥ずかしい

❷トイレに行くタイミングを逃しがち

- 「作業が終わった人から休憩」という場合、ギリギリまで作業するので休憩がとれない
- 着替えのある体育や教室移動の前は、間に合うか不安でトイレに行けない
- 係や当番の仕事や頼まれごとなどを優先してタイミングを逃してしまう

教師の対応

- トイレ掃除が行き届いていないようであれば、クラス全体に掃除の仕方を丁寧に指導する。
- 授業前にトイレを済ませるよう呼びかける。普段から、我慢しないで言うように声掛けをする。
- 特に1年生に対しては、トイレに行けない子がいないよう時間配分を考慮する。
- 生理的欲求は恥ずかしいことではないという考え方を、教師が日頃から示す。

保護者に対して

- 普段からトイレを我慢しがちなところがあるようなら、早めに担任に伝えておいてもらう。

case 03

休み時間は静かに過ごしたいのに……

気を張っている学校生活の中で、休み時間や昼休みはほっとできる時間であってほしいものです。トイレに行ったり、次の授業の準備をしたりする以外に、外に遊びに行く、読書をする、友達とおしゃべりをするなど、各々が好きなことをして過ごします。

ところが、学校やクラスによっては、昼休みは外遊びをすると決められているところもあると聞きます。最近では防犯の問題から、教室や図書室で過ごすことができず、全員外に出なければならないという学校もあるようです。もちろん外遊びが好きなHSCもいますが、室内で静かに過ごしたい子も多いです。自分では望んでいない遊びを

強要されることは、子どもにとって大きなストレスになります。

また、HSCの中には、特に音に敏感な子どももいます。休み時間の騒がしさが苦手で疲れてしまう子は、図書室などの静かな環境で過ごすことで心が落ち着くのです。「休み時間の楽しい過ごし方」というのは、子どもにとって様々であるということを、まずは先生が理解する必要があるでしょう。

教師の対応

- 外遊びのほかに、教室や図書室で過ごすなどの選択肢を提示する。
- 全員参加を強要することなく、各々の希望を尊重する。
- 静かな環境を好む子どもにとって、居心地のよい環境が校内にあるかどうかチェックしてみる。

保護者に対して

- 家庭でも、「子どもらしく元気に遊ぶべき」などと決めつけずに、その子の好きなことを尊重するよう伝える。

case 04

急かされるのが苦手

学校生活の中では、決められた時間の中で作業を終えなければならない場面も多いでしょう。

例えば国語の作文、図工の作品を作る場面などでは、自分の納得のいく仕上がりにしたいという気持ちが強いHSCは、じっくり考えてから慎重に進める傾向があります。勢いに任せて作ることはあまりなく、まずは構想をきちんと立ててからでないと着手できないため、時間が足りなくなってしまうことも多いです。本人はきちんと時間内に完成させたいという気持ちがあるので、間に合わない経験を重ねると自信を持てなくなってしまいます。

テストなどでは、限られた時間内で終わらせる

あと10分で
仕上げてねー
ど、
どうしよう…
えっ

ことも評価の対象となるでしょう。しかし、そうではない場面なら、必要以上に急かすことなく、本人が十分に納得しながら取り組めるようにしてあげたいものです。HSCは急かされると、普段はしないミスをしてしまったり、本来の力を発揮できなくなったりすることも多いからです。

教師の対応

- 時間内に終わらないことよりも、じっくりと取り組んでいることに対してプラスの声掛けをする。
- 「5分以内に終わらせよう」と「あと1分!」などと、必要以上に急かさない。
- なかなか着手できない様子が見られるようなら、時間が足りなくなってから急かすのではなく、早い段階で相談に乗る。
- 休み時間や家で作業の続きができるようなら、そういった方法を提案する。

保護者に対して

- 家庭でも必要以上に急かしたり、プレッシャーを与えたりしなくてよいと伝える。

case 05

他人の影響を受けやすい

　ＨＳＣには、共感力が高く、感情移入しやすいという特徴があります。これは言い換えると、他人の影響を受けやすいということです。

　友達の心配をしていたら、自分も頭が痛くなってしまったり、給食の時間に嘔吐してしまった子を見て、自分も嘔吐してしまったりすることもあります。また、落ち込んでいる子のそばにいると、自分も気持ちが沈んできてしまうということもあります。

　クラスには様々な体調、精神状態の子どもたちがいるので、影響を受けやすいという特徴は、ＨＳＣを苦しめることもあるでしょう。本人も原因がよく分からないのに具合が悪いというと

きもあります。理解されなかったり、仮病だと疑われたりすることもあるかもしれません。具合の悪い子を心配したり、あたたかい声を掛けたりするなど、思いやる雰囲気がクラス全体に漂っていることが、ＨＳＣはもちろんのこと、すべての子どもにとっての救いとなります。先生自身が思いやりのある行動を示して、そのような雰囲気をつくっていくことが大切です。

教師の対応

- 体調が悪い子や気持ちが落ち込んでいる子に対して、「そのくらい大丈夫！」などと決めつけず、気持ちに寄り添った声掛けをする。
- クラスが悪い雰囲気になっていると、その影響を強く受けるのがＨＳＣだということを認識し、クラス全体にも目を向けるようにする。

保護者に対して

- 例えば、朝「具合が悪いから学校に行きたくない」と言っているときなど、たとえ気持ちの問題だと思っても、子どもの言葉に耳を傾け、誠実な対応をするように伝える。

case 06

いい子ぶっていると言われてしまう

共感力が高いという特徴にもつながりますが、HSCはクラスに困っている子や怒られている子がいると悲しくなってしまうので、そのような姿を見たくないがために、気を回したり世話を焼いたりすることもあります。そういう行動を見て、いい子ぶっていると感じる子もいるかもしれません。

また、モラルを内面化しているHSCにとって、クラスのルールやきまりを守るのは当然のことです。当番の仕事など、自分の役割をきちんと果たそうとします。これは、先生によく見られたいとか、ほめられたいという理由からではありません。やるべきことはきちんとやりたい、周りに迷惑を

いい子
ぶってるよねー
そうそう
ヒソ
ヒソ
そういう
つもりじゃ
ないのに…

かけたくないというのは内なる欲求であり、けっしていい子ぶっているわけではないのです。しかし、クラスにはそのような気持ちが理解できない子もいるので、誤解されて傷ついてしまうこともあります。

教師の対応

- 特定の一生懸命やる子に負担が集中するグループ分けにならないように工夫する。
- 掃除を一生懸命やるなど、クラスのきまりを守る行動に対しては、きちんと評価する。
- 他人に対して厳しすぎる様子が見受けられるようなら、「がんばっていても、完璧にできないこともあるよ」というように、違う見方を提示してあげるのもよい。
- サボり癖のある子が卑屈になり、きまりを守る子を疎ましく思うかもしれないので、一方的に叱るのではなく、気持ちに耳を傾けるようにする。
- ルールを守りたい子、守れない子の双方の気持ちを考える。

保護者に対して

- クラスのきまりをきちんと守る様子を保護者にも伝え、家庭でもそのよさをほめてもらう。

case 07

相手を傷つけていないか心配……

HSCには、言葉に対しても敏感な子が多いです。身近な人のちょっとした言葉遣いに対して、傷ついたり気にしたりすることもあります。

その一方で、自分の言葉遣いに対しても、厳しい視点を持っています。「思わず言ってしまったけれど、もしかしたら相手を傷つけてしまったのではないか」と心配したり、「どうしてあんな言い方をしてしまったのだろう」と悔やんだりすることも多いです。

私が受けたことのある相談では、朝、集団登校する際に、話を盛り上げることができずに、相手が全然楽しそうではないことを気に

している子がいました。その地域では、一緒に登校するメンバーを自分で選べないので、必ずしも相性のよい子と一緒にいられるわけではありません。

実際には、相手がそこまで気にしていなかったり、傷ついていなかったりしても、子どもは経験値が少ないので、言い方の加減が分からず、必要以上に心配してしまうことがあります。

教師の対応

- 普段から言い方を気にしているような子どもは、実際に言い過ぎていることはあまりないので、むしろ言いたいことが十分に言えているかという点を気に掛けてあげたい。
- 普段から、余計な我慢をしないように働きかけることで、言い過ぎではないことに本人が気付けるようになる。

保護者に対して

- 家庭でも気にしている様子があるようなら、「もう少し言っても大丈夫だよ」「こう言ってみたらどう?」とアドバイスしてもらう。

case 08

先生の強い口調や暴言が怖い

よく受ける相談の一つに、先生が怒鳴る、先生の口調や言葉遣いがきついという問題があります。

第3章でもふれたように、私はそもそも強く叱る必要はないと考えています。大きな声で怒鳴ったり、暴言で子どもを威圧したりするようなことはもってのほかです。たとえ静かな口調であっても、侮辱するような言葉は子どもを深く傷つけます。

怒鳴ったり、強い言葉を使ったりしないと、子どもが言うことを聞かないと思っている先生もいるのかもしれません。本当にそうでしょうか？ 威圧すると、その瞬間はおとな

そんなことも
分からないの？
1年生でも
分かるよ
ごめんなさい

しくなるかもしれませんが、先生が怖くて従わざるを得ないだけで、別の場面では同じことを繰り返す可能性があります。つまり、本当に学んだことにはならないのです。

厳しい指導が必要な場面でも言葉を選ぶことは大切です。信頼関係が欠けているにもかかわらず、一方的に全体の前で怒鳴りつけるのは不適切な指導と言えます。

教師の対応

- 子どもに対する口調や言葉遣いが不適切でないか、まずは自分自身をよく見つめ直してみる。
- 校内に口調や言葉遣いが不適切な先生がいるようなら、管理職に相談する。

保護者に対して

- 保護者から相談を受けることがあれば、子どもの気持ちに配慮しながら、真摯に対応する。

case 09

頑張っていることが評価されにくい

第4章でもふれたように、HSCはたとえ発表をしなくても、実に積極的に授業に参加しています。

授業の課題に対して真剣に考え、先生の問いかけや友達の発表もよく聞いています。授業中に居眠りしたり、ぼーっとしたりすることはめったにないでしょう。

しかし、進んで挙手したり発言したりすることが少ないため、頑張っている姿が伝わりにくいという側面があります。積極的に意見を述べることももちろん素晴らしいですが、それはたくさんある評価ポイントのうちの一つに過ぎません。深く考えていること、自分

Aさん
いい意見だね！
他の子はどう？
Sさんは手を
挙げないなー
なるほど！
Aくんの意見を
ふまえると…
はい！

の意見をきちんと持っていること、ノートを分かりやすくまとめていること、友達の意見をよく聞いていることなど、多様な姿を評価できるようにする必要があります。

ワークシートやポートフォリオの記述、タブレット端末の入力、グループ活動の中での発言などを幅広く見取ることで、子どもが不公平感を持たないような評価をすることが求められています。

教師の対応

- 挙手や発言の回数などで判断するなど、偏った評価になっていないか見直す。
- 目立つ行動や発言はなくても、真面目に取り組んでいる子どもにきちんと目を向ける。
- ポートフォリオなど、子どもたちの内面を見取ることのできる方法を工夫する。

保護者に対して

- 子どもがきちんと授業に取り組んでいることを伝え、家庭でもほめてもらう。

case 10

先生に「困った子」扱いをされてしまう

HSCは、何かを気にしたり心配したりしているせいで、落ち着きのない様子に見られてしまうことがあります。特に低学年の子どもは、そのような誤解が多いです。

叱られると余計にペースを崩してしまうので、追い詰められた結果、以前はできていたことまでできなくなり、先生に「困った子」扱いをされてしまうということもありえます。例えば、落ち着きがない、指示に従えない、忘れ物が多い、人の話を聞けない、などは「困った」行動と見なされやすいでしょう。

これらの行動をすぐ発達障害と結び付けるのは危険です。本人の具体的な希望がない限

り、別室で指導するなどの極端な対応をとらないようにしましょう。まずは、その子が元々どういう子だったかという点を注意深く捉えるようにします。前の担任（1年生であれば幼稚園や保育園）や保護者に話を聞くとよいでしょう。「困った」行動をやめさせようとする前に、その子自身が困っている原因を知ろうとすることが大切です。

教師の対応

- その行動に至った経緯をよく確認する。
- 「悪い子」「困った子」と決めつけず、人格を否定しない。
- 「困った」行動を見ても、すぐに発達に問題があると決めつけない。
- 極端な対応をとらず、まずは前の担任や保護者によく話を聞く。

保護者に対して

- 子どもの元々の特徴や、家や習い事での様子などを確認する。
- 学校生活の中で本人が心配していることが思い当たるようなら、教えてもらう。

おわりに

私たち大人、特に親や先生は、おそらく誰もが子どもたちに健やかに成長し、持てる力を最大限に発揮して社会で活躍してほしいと願っていることでしょう。ところが、毎日の生活の細かい部分を見てみると、相反する接し方をしていることが多々あるのです。

アーロン博士が提唱したＨＳＣという概念において、私が非常に興味深く感じたのは敏感さを生まれ持った気質の一つとして扱っていることです。

特に、ＤＯＥＳの内の「Ｄ　物事を深く処理する」ことはＨＳＰの本質的な部分とも言われていますが、この部分には多くのヒントが含まれています。

刺激に対して敏感であるという受け身のイメージとは異なり、主体的にあれこれと分析や思考をめぐらす姿が思い浮かびます。このような子どもが、たとえ発言が控えめであったとしても、授業への参加が消極的だと捉えるのは間違いであることが分かるはずです。

授業中に多くのことを考えている子どもに対して、どのような声を掛けるのか考えることも含め、ＨＳＣという生まれ持った敏感な気質を持った存在が一定の割合でクラスに含まれていることは、先生方にとって大事な学びとなるでしょう。

モラルを内面化しているという部分についても特に着目すべき点だと考えています。学校生活で起きる不公平なことや理不尽なことに対して、あるいは友達の誰かが困っているけれど助けてあげられないことに対してなど、自分自身に直接の関係はないとしても胸を痛めているということが分かります。

また、先生方同士の関係性も非常によく見ています。仮に失敗が多いとしても子どもたちに思いやりをもって接し、頑張っている先生が評価され楽しそうに過ごしている様子を見ると、ＨＳＣは大きな安心感を抱き、将来への希望さえ見いだすのです。

つまり、同じ出来事を見ても、気にもとめない子どももいれば家に帰ってからもどうしたものかと考える子どももいるということです。どちらがよくてどちらが悪いということはもちろんありません。だからこそＨＳＣの存在にも気に留める必要があります。

さて、矛盾するようですが、私はＨＳＣという概念を知らなければ正しい対応ができないと考えているわけではありません。経験や感覚によって、クラスの多くの子どものそれぞれの気質をうまく感じ取って、集団への指導と個別への声掛けを絶妙なバランスで実践されている先生もいらっしゃいます。そういった先生はＨＳＣの概念を知っていても知らなくても、子どもたちや保護者に信頼されていることでしょう。

一方で、私がＨＳＣの話をする上でもっとも恐れていることは、今までにないレッテル貼りをされてしまうことです。敏感さは元々よいことでも悪いことでもありません。単に生まれ持っている気質なのです。それを本人がよいものと認識して生かせるのか、悪いものとして自信をなくしてしまうのか、その分かれ道は私たち大人がつくっています。

また、かねてより、先生方の中にも必ず存在するＨＳＰのみなさんに、ＨＳＰらしさを存分に生かしてもっともっと活躍していってほしいと期待しています。すでに活躍されている方ももちろんいらっしゃいますが、学校文化の中での長年の課題を解決する上で、ＨＳＰの先生方が要となる存在なのではないかと感じているからです。本書が、課題に気付いてはいるけれどなかなか発言に至らない先生方の背中を押す力になることを願っています。

最後に、子どもを理解する喜びについてお伝えします。

自分のことを分かってくれる人がいるのかいないのかは、人生の幸福度や充実感を大きく左右します。自分を取り巻く世界が限られている子どもたちにとって、まず無条件に頼りにしているのは親や学校の先生です。

うまくできずにモヤモヤした気持ちを抱えたとき、それを理解してくれる人がいるとしたら、どれほど心強く安心することでしょう。もう少し頑張ってみようという気持ちが起こるかもしれません。

忘れてはならないのは、その役割を果たすチャンスが誰にでもあるわけではないということです。そのチャンスを手にしているのは多くの場合、親か学校の先生でしょう。

目の前の子どもの気持ちを理解できたとき、うれしいのは子どもだけではありません。私たち大人にも、大きな喜びをもたらします。この子の味方となり、サポートできることに喜びを感じながら動くことができるでしょう。

目の前にいる子どもも、十年十五年すれば大人です。大人になったときに、無力だった自分を理解して支えてくれた大人を思い出し、自分もまたそのようになりたいと願うのではないでしょうか。実際に、そのように振り返って話をしてくれた人たちもいます。

本書がきっかけとなり、教室で先生と子どもたちがあたたかい気持ちで過ごせるようになれば幸いです。

最後に、出版に当たり、熱意を持って進めてくださった東洋館出版社の上野絵美さん、HSCに共感を寄せながらイラストを描いてくださった野宮レナさんをはじめ、ご協力くださった皆さんに心から感謝します。

2023年2月　杉本　景子

主な参考文献

エレイン・N・アーロン（明橋大二 訳）『ひといちばい敏感な子』1万年堂出版、2015
箱田裕司・都築誉史・川畑秀明・萩原滋『認知心理学』有斐閣、2010
スーザン・ケイン（古草秀子 訳）『内向型人間の時代――社会を変える静かな人の力』講談社、2013
串崎真志『繊細な心の科学――HSP入門』風間書房、2020

● 著者紹介

杉本景子 Sugimoto Keiko

1978年生まれ。公認心理師・看護師・保護司。NPO法人千葉こども家庭支援センター理事長。杉本景子公認心理師事務所主宰。千葉市スクールメディカルアドバイザー。元厚生労働技官（国立病院機構下総精神医療センター閉鎖病棟配属）。
3人の子育てをしつつカウンセラーとして活動する中、育児書通りではうまくいかない子育てに大きな不安や肩身の狭い思いを抱えている親が多数いることを実感する。相談の多くは学校生活に関することであり、子どもたちが安心して力を発揮できる環境づくりが必要だと痛感。家庭と学校の架け橋となるべくNPO法人を立ち上げ、不登校児童生徒をサポートするフリースクール「ペガサス」を千葉市に開設。
HSCとその保護者へのカウンセリングのほかに、教育委員会や学校現場にHSCへの理解を広めるための啓発活動を行う。NHK「おはよう日本」をはじめ、教育系雑誌や新聞など数多くのメディアにも取り上げられている。
主な著書に、『一生幸せなHSCの育て方―「気が付き過ぎる」子どもの日常・学校生活の「悩み」と「伸ばし方」を理解する』（時事通信社、2021）がある。

HSCがありのままで幸せになれる教室
――教師が知っておきたい「敏感な子」の悩みと個性

2023（令和5）年2月7日　初版第1刷発行

著　者：杉本景子
発 行 者：錦織圭之介
発 行 所：株式会社東洋館出版社
〒101-0054　東京都千代田区神田錦町２丁目９番１号
コンフォール安田ビル２階
代表　電話 03-6778-4343　FAX 03-5281-8091
営業部　電話 03-6778-7278　FAX 03-5281-8092
振替 00180-7-96823
URL https://www.toyokan.co.jp
装　丁：名久井直子
本文デザイン・組版：西野真理子（株式会社ワード）
イラスト：野宮レナ
編集担当：上野絵美（株式会社東洋館出版社）
印刷・製本：シナノ印刷株式会社
ISBN978-4-491-05075-1　Printed in Japan